和気藹々

# 海鮮つまみ



吉田愛

# はじめに

大人になり、旬の魚介のおいしさ、
そしてお酒をのむ愉しさを知りました。
そんな大人の贅沢を堪能できる本を作りました。

日本料理店で働いていた頃、
朝の仕込みはまず魚をおろす作業から始まります。
私は魚をおろせるようになったことがうれしくて、
市場から届いた箱を
毎日わくわくしながら開けていたことを覚えています。
料理修業を始める前は特に意識することなく、
なんとなく魚を食べていたのですが、
脂がのって旨味の強い旬の魚介のおいしさを知ってからは、
スーパーの鮮魚売り場や魚屋さんを覗《のぞ》いては
その時目に留まった魚でつまみを作り、
晩酌をすることがとても楽しみになりました。

この本では刺身用のさくを買ってきて
すぐに完成させられるものから、
自分でおろすなど下処理をしてから調理する
少し手の込んだつまみまで幅広くご紹介しています。

魚料理は難しそうだと考えている方は、
晩酌のためにまずは
手軽なつまみから作ってみることで
魚料理を少し身近に感じることができるはずです。
日本酒、ビール、ワイン、焼酎、マッコリなど
さまざまなお酒に合うつまみを揃えましたので、
その日の気分で楽しんでみてください。

吉田 愛

# 目次

058 ぶりのオイスター照り焼き／ぶりのステーキ バルサミコソース
059 ぶりのソテー サルサヴェルデ
060 かつおの塩たたき
062 さんまの梅しそ巻き
063 さんまの肝じょうゆ焼き
064 タンドリーめかじき
065 あゆのフライパン塩焼き
066 白子の昆布焼き／白子のムニエル レモンバターソース
067 白子グラタン

四章 煮る
075 いわしの梅煮
076 かきとねぎの中華風アヒージョ
077 たことじゃがいものアヒージョ
078 ぶりのみぞれ煮
079 ねぎま鍋風煮物
080 いかとセロリのトマト煮
082 鮭の粕汁
083 あさりのスンドゥブチゲ

五章 揚げる
085 桜えびと玉ねぎのかき揚げ クミン塩
086 かきフライ
087 あじフライ
088 高菜タルタルソース／シンプルタルタルソース／
089 たくあんカレータルタルソース
090 稚あゆのバジル春巻き／ししゃもの青じそ巻き天ぷら
092 豆あじの山椒から揚げ
093 うにののり巻き揚げと青じそ巻き揚げ
094 フィッシュ&チップス

六章 蒸す
097 はまぐりと菜の花の酒蒸し
098 あわびのフライパン酒蒸し
099 さわらのレンジ酒蒸し
100 小鯛のアクアパッツァ

*column*
024 魚の基本の扱い方
068 仕込む
酔っぱらいえび／ほたるいかの沖漬け／いくらのしょうゆ漬け／いかの塩辛
102 缶詰を使う
実山椒オイルサーディン／ひよこ豆とツナのサラダ／豆腐のかに缶あんかけ／さば缶のパテ
104 レシピの補足 魚介の下ごしらえ
110 索引

［この本の使い方］

材料表について

●計量単位は、小さじ1＝5mℓ、大さじ1＝15mℓ。●適量は好みで加減してちょうどよい量を入れる、適宜は好みで入れなくてもよい、という意味です。●和風だしは、昆布と削り節でとったものを使用しています。市販のだしの素などを使う場合は、塩分が含まれていることがあるので、味を見て調節してください。できれば、食塩不使用のものをおすすめします。●調味料類は、特に指定がない場合、しょうゆは濃口しょうゆ、砂糖は上白糖、酒は清酒、みりんは本みりん、こしょうは白こしょうを使っています。塩は天然のにがりを含む塩をおすすめします。●サラダ油は、菜種油、太白ごま油など、好みのものを使ってください。オリーブ油は、エクストラ・ヴァージン・オリーブ油です。バターは加塩を使っています。

作り方について

●野菜類などは、特に記載がない場合、洗う、皮をむくなどの作業をすませてからの手順を説明しています。●フライパンは、原則としてフッ素樹脂加工のものを使用しています。●火加減は、特に表記のないものは中火で調理してください。●電子レンジは出力600Wのものを使用しています。500Wの場合は1.2倍、700Wは0.8倍の時間を目安に加熱してください。●鍋やコンロ、魚焼きグリルにはそれぞれくせや特徴があるので、火加減や加熱時間は状態を見ながら調節してください。●でき上がり写真は盛りつけ例です。材料量の分量と異なることがあるのでご注意ください。●調味料は製品によって食味に違いがあるので、必ず味見をして仕上げてください。

一章

# 刺身でいろいろ

## まぐろのにんにくじょうゆ漬け

にんにく香るたれでお酒を誘います。
味が染みた玉ねぎも美味。

[材料｜2人分]

まぐろ(刺身用さく)…120g
玉ねぎ…¼個(50g)
にんにく(薄切り)…1かけ分
A
しょうゆ…大さじ1
酒・みりん…各大さじ½
ごま油…大さじ½

[作り方]

1 まぐろは5㎜厚さのそぎ切りにする。玉ねぎは縦薄切りにする。
2 小さめのフライパンにごま油とにんにくを入れて弱めの中火にかける。にんにくがきつね色になったら中火にし、玉ねぎを加えてさっと炒める。
3 玉ねぎに油が回ったらAを加えて一煮立ちさせ、バットに移して冷ます。
4 玉ねぎを端に寄せて空いた所にまぐろを並べ、5分ほど漬ける。途中で一度上下を返す。

*memo*
バットはまぐろを並べてちょうどよいサイズのものを使います。

## まぐろのユッケ

韓国風のたれで和えた後を引くおいしさ。
とろりと絡んだ卵黄が旨味を引き上げます。

[材料｜2人分]

まぐろ(刺身用さく)…120g
きゅうり…½本
A
しょうゆ・ごま油…各大さじ½
コチュジャン…小さじ1
おろしにんにく…小さじ¼
砂糖…一つまみ
白いりごま…適量
卵黄…1個

[作り方]

1 まぐろは5㎜厚さに切ってから5㎜幅の細切りにする。きゅうりは斜め薄切りにしてから細切りにする。卵黄は溶きほぐす。
2 ボウルにAを入れて混ぜ、まぐろを加えて和える。
3 器にきゅうりを敷き、2をのせて白いりごまをふり、卵黄をかける。

## まぐろのごまみそ和え

みそのコクにしょうがの風味がアクセント。

[材料｜2人分]

まぐろ（刺身用さく）…120g

A
- 白すりごま…大さじ1
- みそ・しょうゆ…各小さじ1
- みりん・おろししょうが…各小さじ½

[作り方]

1. まぐろは5mm厚さのそぎ切りにする。
2. ボウルにAを入れて混ぜ、1を加えて和える。

*memo* 使うみそによって塩分が異なるので、しょうゆで調節を。

## まぐろの山かけ

漬けまぐろととろろの定番組み合わせ。長いもはたたいてサクサク感を楽しみます。

[材料｜2人分]

まぐろ（刺身用さく）…120g

長いも…80g

A
- しょうゆ…小さじ2
- みりん…小さじ1

おろしわさび・焼きのり…各適量

[作り方]

1. まぐろは2cm角に切ってボウルに入れ、Aを絡めて10分ほどおく。
2. 長いもは皮をむき、厚手のポリ袋に入れて麺棒などでたたく。
3. 器にまぐろを盛り、好みで漬けだれを適量かける。2をかけておろしわさびをのせ、焼きのりを細かくちぎって散らす。

## まぐろのねぎ塩和え

ねぎとごま油で風味よく、濃厚なまぐろとの相性も◎。

[材料｜2人分]

まぐろ（刺身用さく）…120g

A
- 長ねぎ（みじん切り）…8cm分
- ごま油…小さじ2
- 塩…小さじ¼

粗びき黒こしょう…適量

[作り方]

1. まぐろは2cm角に切る。
2. ボウルにAを入れて混ぜ、1を加えて和える。
3. 器に盛り、粗びき黒こしょうをふる。

## まぐろのタルタル

混ぜるだけでおもてなしにも使えるおつまみに。
バゲットをカリッと焼いて、たっぷりのせてどうぞ。

[材料｜2人分]

まぐろ(刺身用さく)…120g
玉ねぎ(みじん切り)…大さじ2
イタリアンパセリ(みじん切り)
…大さじ1

A
ケッパー(みじん切り)…大さじ½
オリーブ油…大さじ1
塩…一つまみ

粗びき黒こしょう…適量
バゲット・レモン…各適量

[作り方]

1 まぐろは5㎜角程度に切る。
2 ボウルに1とAを入れて混ぜ合わせる。
3 バゲットにのせ、レモンを搾って食べる。

*memo*
バゲットは薄切りにしてこんがりと焼き、好みでにんにくの切り口をこすりつけます。

# まぐろのアボカド和え

アボカドのねっとりとした口当たりはまぐろと好相性。
わさびじょうゆで全体の味をまとめます。

[材料|2人分]

まぐろ(刺身用さく)…120g
アボカド…½個
みょうが…1個

A
しょうゆ…小さじ2
おろしわさび…小さじ1

レモン汁…小さじ½
オリーブ油…大さじ½

[作り方]

1 まぐろは1.5cm角に切る。ボウルにAを合わせ、まぐろを絡めて5分ほどおく。
2 アボカドは種と皮を除き、別のボウルに入れてフォークで粗く潰し、レモン汁を絡める。みょうがは縦半分に切ってから、斜め薄切りにする。
3 アボカドにまぐろを加えてざっくりと和え、みょうがとオリーブ油を加えてさっと混ぜる。

# とろたく

たたいたまぐろとたくあんのポリポリ食感が絶妙にマッチ。
のりでくるんと巻いてパクッと頬張って！

[材料|2人分]

まぐろ(刺身用さく・あれば中とろ)…120g
たくあん…30g
小ねぎ(小口切り)…1〜2本分
白いりごま…小さじ1
おろしわさび・焼きのり(全形)…各適量
しょうゆ…適量

[作り方]

1 たくあんは粗みじん切りにする。まぐろは粗く刻んでからたたく。
2 ボウルに1と小ねぎ、白いりごまを入れてざっくりと混ぜる。
3 器に盛り、おろしわさびと8等分に切った焼きのりを添える。
4 焼きのりにとろたくを適量取っておろしわさびをのせ、巻いてしょうゆにつけて食べる。

*memo*
たくあんは甘くないものがおすすめです。

［材料｜2人分］
まぐろ（刺身用さく）
…180〜200g
ミニトマト…6〜8個（100g）
玉ねぎ（みじん切り）…大さじ1
塩・こしょう…各少々
オリーブ油…大さじ½
A
バター…10g
レモン汁…小さじ1
塩…小さじ¼
パセリ（みじん切り）・粗びき黒こしょう
…各適量

［作り方］
1 まぐろは水気を拭き取り、両面に塩とこしょうをふる。ミニトマトはへたを取り、1cm角程度に切る。
2 フライパンにオリーブ油を中火で熱し、まぐろを入れて両面を約1分ずつ焼く。1cm厚さのそぎ切りにして器に盛る。
3 同じフライパンにミニトマト、玉ねぎ、Aを入れて中火でさっと炒め、ミニトマトが軽くくたっとしたら火を止める。
4 まぐろに3をかけ、パセリを散らし、粗びき黒こしょうをふる。

*memo*
まぐろのさくは、なるべく厚みのあるものを選んでください。

# まぐろのステーキ

表面をさっと焼いて旨味を凝縮し、中はレアに。
フレッシュトマトのソースで食べるステーキ。

# 鯛の中華風刺身

刺身と野菜を甘酸っぱいドレッシングでサラダ仕立てに。
ワンタンの皮とピーナッツの食感と風味がアクセント。

[材料｜2人分]

鯛（刺身用さく）…120g
玉ねぎ…¼個（50g）
かいわれ大根…½パック
ワンタンの皮…2枚
サラダ油…大さじ2

**A**
おろししょうが…小さじ½
しょうゆ・ごま油・酢…各小さじ2
砂糖…小さじ½
豆板醤…小さじ¼

ピーナッツ（粗く刻んだもの）
…大さじ1

[作り方]

**1** 玉ねぎは縦薄切りにする。かいわれ大根は根元を切り、長さを3等分に切る。

**2** 玉ねぎをボウルに入れて5分ほど水にさらし、かいわれ大根を加えてさっと混ぜ、ザルに上げて水気をよく切る。

**3** 小さめのフライパンにサラダ油を中火で熱し、ワンタンの皮を入れてきつね色になるまで両面を揚げ焼きにする。

**4** 鯛は5㎜厚さのそぎ切りにする。**A**はボウルに入れて混ぜ合わせる。

**5** 器に**2**を広げて鯛をのせ、ピーナッツと**3**を割りながら散らす。**A**をかけて混ぜながら食べる。

*memo*
ワンタンの皮は春巻き、餃子、焼売の皮などで代用可。
新玉ねぎを使用する場合は、水にさらす時間はさっとでOK。

# 鯛のエスニックだれ

ナンプラーとレモン汁ベースのエスニックだれで、
いつもと一味違う味わいに。

[材料｜2人分]

鯛（刺身用さく）…120g

たれ

- にんにく（みじん切り）…½かけ分
- 赤唐辛子（輪切り）…¼〜⅓本分
- ナンプラー・レモン汁
  …各小さじ2
- 砂糖…小さじ1
- ごま油…小さじ½
- こしょう…少々

香菜（1cm幅）…適量

[作り方]

1 鯛は5mm厚さのそぎ切りにする。ボウルにたれの材料を入れて混ぜ合わせる。

2 器に鯛を盛り、香菜を添え、たれをかける。

*memo*

たれはナンプラーの塩気ににんにくと赤唐辛子が効いたしっかりとした味なのでかける量は様子を見ながら調節してください。

## 鯛のねぎ巻き 梅オイルがけ

梅オイルの穏やかな酸味とほどよい塩気が鯛の旨味を上品に引き立てます。

[材料｜2人分]

鯛(刺身用さく)…120g
小ねぎ…3〜4本
梅干し(塩分8%)…1個(正味約10g)
A しょうゆ・オリーブ油…各小さじ1
 砂糖…小さじ½

[作り方]

1 鯛は5㎜厚さのそぎ切りにする。小ねぎは5㎝長さに切る。
2 梅干しは種を除いてペースト状にたたき、ボウルに入れてAを加え、混ぜる。
3 鯛1切れに小ねぎ3〜4本をのせてくるりと巻く。残りも同様に巻いて器に盛り、2をかける。

## 鯛のごまクリーム和え

香りよく、クリーミーで濃厚なごまだれが、まったりと鯛に絡みます。

[材料｜2人分]

鯛(刺身用さく)…120g
ごまクリーム
 白練りごま…大さじ1
 しょうゆ…小さじ2
 みりん…小さじ1
 砂糖…小さじ½
おろしわさび・白いりごま…各適量

[作り方]

1 鯛は5㎜厚さのそぎ切りにする。
2 ボウルにごまクリームの材料を入れて混ぜ、1を加えて和える。
3 器に盛り、おろしわさびを添え、白いりごまをふる。

*memo*
ごまクリームの材料が混ぜにくい場合は、少量のみりんまたは水を足してのばします。

# 鯛の昆布じめ

昆布に挟んでおくだけで、水分が抜けて身がぐっとしまり、
昆布の旨味も染み込んで極上のつまみに。

[材料｜2人分]

鯛(刺身用さく)…120g
グリーンアスパラガス
(細め・塩ゆでしたもの)…3～4本
塩…一つまみ
昆布(約20×10cm)…2枚
酒…適量
おろしわさび・レモン…各適量
しょうゆ…適宜

[作り方]

1 酒を含ませたキッチンペーパーで昆布を拭いて湿らせる。鯛に塩を均一にふる。

2 昆布で鯛とアスパラガスを挟み、ラップで包んで冷蔵庫で半日以上おく。

3 鯛は5mm厚さのそぎ切りにし、アスパラガスは食べやすい長さに切る。器に盛り、おろしわさびとレモンを添え、好みでしょうゆを添える。

*memo*

野菜は菜の花、スナップえんどうなどもおすすめです。

昆布は平らなものを使ってください。波打ったものだとすき間ができて均一にしまりません。

好みの加減にしまったら昆布からはずし、ラップで包んで冷蔵庫で保存します。

# あじの洋風たたき

あじのたたきにオリーブやケッパー、ハーブを合わせて洋風に。キリッと冷えた白ワインやスパークリングワインで楽しんで。

[材料｜2～3人分]

あじ（刺身用・三枚におろしたもの）…2尾分（約160g）

**A**
- 玉ねぎ（みじん切り）…大さじ1
- 黒オリーブ（粗みじん切り）…2～3個分
- ケッパー（粗みじん切り）…小さじ1
- オリーブ油…小さじ2
- おろしにんにく…少々

ディル…1～2枝
塩…ひとつまみ
こしょう…少々
ベビーリーフ…適量

[作り方]

**1** あじは腹骨をそぎ取り、小骨を取り除いて皮をはぎ（P.104参照）、5㎜角程度に切る。
**2** ディルは茎を除いて刻む。
**3** ボウルに**1**と**2**、**A**を入れて混ぜ、塩とこしょうで味を調える。
**4** 器に盛り、ベビーリーフを散らす。

## あじのカルパッチョ

脂ののった旬のあじを、レモンと粒マスタードでさっぱりと。
プチッと弾けるマスタードの酸味と辛みがアクセント。

［材料｜2～3人分］

あじ（刺身用・三枚におろしたもの）
…2尾分（約160g）
塩…小さじ¼
A
オリーブ油…大さじ1
レモン汁…大さじ½
粒マスタード…小さじ½
ベビーリーフ…適量

［作り方］

1 あじは腹骨をそぎ取り、小骨を取り除いて皮をはぎ（P.104参照）、そぎ切りにする。
2 Aは混ぜ合わせる。
3 器に1を少しずつ重ねながら並べ、塩をふる。ベビーリーフをのせて2をかける。

## あじのりゅうきゅう

地元で獲れた新鮮な魚を甘めの
合わせじょうゆに絡めて食べる、
大分県の名物郷土料理。

［材料｜2～3人分］

あじ（刺身用・三枚におろしたもの）
…2尾分（約160g）
A
しょうゆ・みりん
…各小さじ2
白いりごま…適量
小ねぎ（小口切り）・おろしわさび
…各適量

［作り方］

1 あじは腹骨をそぎ取り、小骨を取り除いて皮をはぎ（P.104参照）、そぎ切りにする。
2 ボウルにAを混ぜ、1を加えて和える。
3 器に盛り、白いりごまをふり、小ねぎとおろしわさびをのせる。

*memo*
あじはすぐ味が入るので、さっと和えるだけでOK。

# あじの酢じめ

塩をふって余分な水分と臭みを抜いてから、
酢に漬けてキリッとしめます。
しめ過ぎると身がかたくなるので気を付けて。

［材料｜2～3人分］
あじ（刺身用・三枚におろしたもの）…2尾分（約160g）
塩…小さじ1弱
米酢…50㎖
かいわれ大根（長さを半分に切る）…適量
みょうが（せん切り）・おろししょうが…各適量
しょうゆ…適量

［作り方］
1 あじは腹骨をそぎ取る（P.104参照）。
2 バットの底面に均等に塩をふって1を皮目を下にして並べ入れ、さらにあじ全体に塩をまんべんなくふる。冷蔵庫で15分おき、さっと洗って水気を拭き取る。
3 バットをきれいに洗って酢を入れ、あじを入れて5分ほど漬ける。途中で一度上下を返す。
4 水気を拭き取り、小骨を取り除いて皮をはぎ（P.104参照）、そぎ切りにする。
5 器にかいわれ大根とあじを盛り、みょうがとおろししょうがを添える。しょうゆをつけて食べる。

*memo*
バットはあじを並べてちょうどよいサイズのものを使います。

# あじのさんが焼き

あじのたたきに香味野菜やみそを混ぜ込みこんがり焼き上げた、
千葉県の漁師料理を代表する一品。

［材料｜4個分］
あじ（刺身用・三枚におろしたもの）…2尾分（約160g）
長ねぎ…5㎝
しょうが…½かけ
青じそ…4枚
みそ…小さじ1～2
片栗粉…小さじ1
サラダ油…大さじ½

［作り方］
1 長ねぎとしょうがは粗みじん切りにする。
2 あじは腹骨をそぎ取り、小骨を取り除いて皮をはぐ（P.104参照）。
3 2を1㎝角程度に切ってから、包丁でたたく。大きな塊がなくなったら、1、みそ、片栗粉を加え、均一に混ざり粘りが出るまでさらにたたく。
4 4等分にして平たい丸形に整え、青じそを1枚ずつ張り付ける。
5 フライパンにサラダ油を弱めの中火で熱し、4を入れて両面に焼き色がつくまで焼く。

*memo*
みそは小さじ1でもしっかりと味がつきますが、好みで調節してください。レモンやすだちを添えても。

## いか納豆

簡単＆時短つまみの定番、いか納豆。
いかの相方納豆は、
よく絡むひきわりがおすすめです。

［材料｜2人分］

いか（刺身用・細切り）…80g
ひきわり納豆…1パック（40g）
小ねぎ（小口切り）…1〜2本分
練りがらし・しょうゆ…各適量

［作り方］

1 ボウルにいか、ひきわり納豆、小ねぎを入れてさっと和える。
2 器に盛り、練りがらしを添え、しょうゆをかける。

## いかの青じそレモン和え

青じそとレモンを合わせ、
和洋折衷のさわやかな一品に。

## いかの卵黄和え

いつものいか刺しに卵黄でコクをプラス。
卵黄が絡んで濃厚な味わいに。

[材料｜2人分]

いか（刺身用・細切り）…80g
卵黄…1個
しょうゆ…適量

[作り方]

1 器にいかを盛り、卵黄を添える。しょうゆをかけ、混ぜながら食べる。

[材料｜2人分]

いか（刺身用・細切り）…80g
青じそ…3枚
A オリーブ油…小さじ2
　レモン汁…小さじ½
　塩…少々
レモンの皮（国産・すりおろしたもの）…適宜

[作り方]

1 青じそは粗みじん切りにする。
2 ボウルにいかとAを入れて混ぜ、1を加えてさっと和える。
3 器に盛り、好みでレモンの皮を散らす。

［材料｜2人分］

いか（刺身用さく・ソデイカなど）…100g

かいわれ大根…½パック

A ごま油…小さじ2
ゆずこしょう…小さじ⅓〜½
塩…少々

白いりごま…適量

［作り方］

1 いかは5㎜厚さのそぎ切りにする。

2 かいわれ大根は根元を切り、長さを3等分に切る。

3 ボウルに1と2、Aを入れて和える。白いりごまを加え、さっと混ぜる。

*memo*

ゆずこしょうの量は好みで加減し、塩で味を調えます。

ソデイカ

重さ20kg以上にもなる大型のいか。ロールイカやブロックなど冷凍品が一般的。生はかたくておいしくありませんが、冷凍した後に解凍すると繊維が崩れてやわらかくなり、旨味、甘みが感じられるようになります。

# いかのゆずこしょうナムル

ゆずこしょうを効かせた韓国風和え物。
にんにく抜きのさっぱり仕上げです。

# いかのフェ

香りや歯応えのよい野菜とともに甘辛酸っぱいたれで和えた、
サラダ感覚の韓国風いか刺し。

［材料｜2人分］
いか（刺身用さく・ソデイカなど）…80g
大根…3cm（80g）
にんじん…1/4本（30g）
春菊…30g

**A**
白すりごま・コチュジャン・酢…各大さじ1
ごま油…小さじ2
砂糖・しょうゆ…各小さじ1
おろしにんにく…小さじ1/4

［作り方］
1. ボウルにAを入れて混ぜる。
2. いかは5mm厚さに切ってから縦半分に切る。
3. 大根とにんじんは細切りにする。春菊は茎を斜め薄切りにし、葉は4cm長さに切る。
4. 1に2と大根、にんじんを入れてよく和え、春菊を加えてさっと和える。

*memo*
時間が経つと野菜から水分が出てくるので、食べる直前に和えましょう。

column 1

買うときから冷蔵庫に入れるまで

# 魚の基本の扱い方

魚の選び方から鮮度を保つための下処理まで、おいしさに差がつくポイントを紹介します。

## ◉刺身

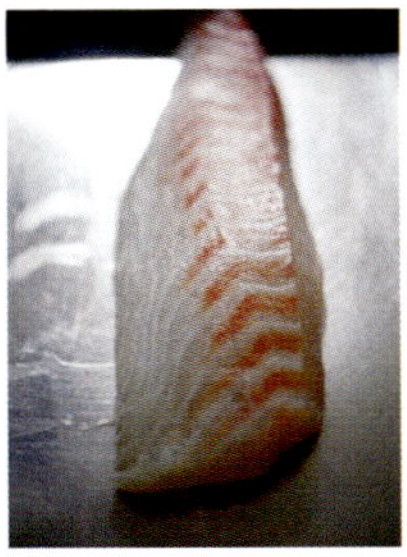

### 買うときに

刺身の売り場には、一切れずつにカットされたものと刺身用に切り整えられた「さく」が並んでいます。切り分けられたものは器に盛り直すだけで最高のつまみになりますが、さくに比べると空気に触れる面が多いため鮮度の落ちるスピードが速くなります。できれば鮮度が落ちにくいさくでの購入をおすすめします。

### 売り場でのチェックポイント

［シートをチェック］
トレーに敷かれているシートにしみが少ないものを選ぶ。ドリップと呼ばれる水分・たんぱく質・旨味成分が含まれた赤い汁が溜まっているものは避ける。

［つやをチェック］
表面がしっとりと濡れているようなつや感があるものを。乾いていたり、くすみ、ざらつきがあるものは鮮度が落ちている可能性が高い。

［色をチェック］
まぐろやかつおなど赤身の刺身は、鮮度がよいものは深い赤色で色鮮やか。鮮度が落ちてくると色がくすんで黒っぽく見える。鯛などの白身の刺身は、真っ白で透明感があり、血合い部分がきれいなピンクや赤色をしているものを選ぶ。鮮度が落ちてくると濁って黄ばんだ感じになる。いかやたこの刺身は、透明感があり鮮明な色をしているものを。

［切り口をチェック］
切り立ての刺身は切り口のエッジが効いている。時間の経過とともにその鋭角さは失われ、へたって角が丸くなる。

### 冷蔵庫に入れる前に

買ってきたらすぐにパックから出し、生臭みや劣化の原因となるドリップをキッチンペーパーで押さえるようにしてしっかり拭き取ります。その後、すぐに使わない場合は厚手のキッチンペーパーで包み、さらにラップで空気が入らないように密閉し、バットなどにのせて、冷蔵庫（あればチルド室）で保存を。キッチンペーパーは水分を取るためのものなので、ドリップが出て湿ったら取り替えます。

## ◉切り身魚

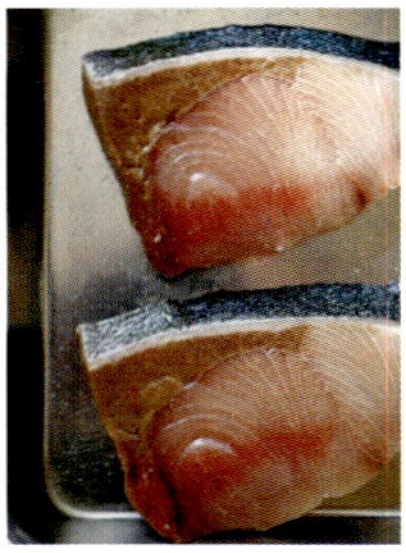

### 買うときに

魚一尾を切り分けた切り身魚は、部位によって形や味わいが違います。鮭などには「弓型」と呼ばれる腹（頭）側の切り身と、「半月型」と呼ばれる背（尾）側の切り身があります。内臓が収まっていた部分が窪みになっている弓型は脂ののりがよく、一方、内臓がないため半月状になる切り身は、脂が少ない分、身がしっかりしてさっぱりとしています。ぶりも同様で、皮が黒っぽいものは背側の身で、赤身がメインで脂は少ない。反対に、皮の色が白っぽいものは腹側の身で、脂が多く身はやわらかいのが特徴です。このように、魚でも選ぶ部位によって味わいに大きな差があります。おいしいつまみを作るには、その調理法と相性のよい部位を選ぶことが大切です。

### 売り場でのチェックポイント

［シートをチェック］
トレイに敷かれているシートにしみが少ないものを選ぶ。ドリップが溜まっているものは避ける。ドリップは雑菌の繁殖や生臭さの原因となるので、速やかに取り除く。

［色をチェック］
鮮度のよいものは身の色が鮮明で透明感があり、血合い部分は濃い赤色でくっきりとしている。時間が経つにつれ、身の色が不透明で白く濁った感じになり、血合いは黒ずんでくる。

［皮をチェック］
鮮度がよいと模様がくっきり見えて、張りがある。

［切り口をチェック］
身がしまっていてつやがあり、切り口のエッジが効いていて、表面が滑らかなものを。ひび割れたように身と身の

間にすき間があるものは避ける。

### 冷蔵庫に入れる前に

買ってきて、パックのまま冷蔵庫に入れてしまうのが味を落とし、生臭くしてしまう原因。まず、パックから出して流水でさっと洗い、表面に付着した雑菌やドリップなどを洗い流します。魚を洗うと旨味が抜ける、余分な水分を吸って味が落ちる、身割れするなどと思われているようですが、そんな心配は無用。長く水に浸けておくわけではなく、流水にさらす時間は3～4秒。これで汚れは十分落とせます。皮に残っているうろこやぬめりも指や爪で丁寧にこそげ落とします。洗い終えたら時間をおかず、厚手のキッチンペーパーで包み込むようにして表面の水気を取ります。決してごしごしこすらないこと。水気が残っていると、そこから傷んだり、味が落ちたりするので、丁寧に拭き取ります。その後、すぐに使わない場合は厚手のキッチンペーパーで包み、さらにラップで密閉し、バットなどにのせて、冷蔵庫(あればチルド室)で保存を。おろし身が複数ある場合は、間にキッチンペーパーを挟みます。キッチンペーパーは水分を取るためのものなので、ドリップが出て湿ったら取り替えます。

## ◎ 一尾魚

### 買うときに

鮮魚店やデパート、スーパーの魚売り場では、頼めばいろいろな仕事をしてくれます。魚をおろしてほしい、うろこや内臓を除いてほしい、切り身にしてほしいなど、下処理やおろし方がわからなければ、彼ら魚のプロに任せましょう。作りたいつまみが決まっていれば、どんな下ごしらえを頼めばよいかを確認しておくとよいでしょう。特に、えらと内臓は取り除いてもらうようにしましょう。魚はこの部分から傷むので、早い段階で処理できれば、それだけ鮮度を落とさずにおいしさが維持できます。

### 売り場でのチェックポイント

[シートをチェック]
トレーに敷かれているシートにしみが少ないものを選ぶ。ドリップが溜まっているものは避ける。

[腹部をチェック]
魚は内臓がはじめに傷んでくる。腹部に張りがなく、切れそうだったりぐずぐずしているもの、肛門から内臓や液体が出ているものは避ける。腹がかたくて張りがあり、盛り上がっているものを選ぶ。

[目をチェック]
鮮度のよい魚は目に張りがあり膨らんでいる。鮮度が落ちるとへこんで白っぽく濁ってくる。

[胴の厚みをチェック]
尾の付け根まで太くて厚みのあるものは、脂ののっている証。さらに脂ののった魚は、頭の付け根から背にかけて盛り上がり、頭が小さく見える。

### 冷蔵庫に入れる前に

買ってきたままの状態で冷蔵庫に入れてしまうのはNG。それが味を落とし、生臭みの原因になります。まず、パックから出して流水で表面の汚れやぬめりをきれいに洗い流します。特に海水魚には腸炎ビブリオなどの好塩菌が付着している可能性があるので、真水(水道水)でしっかり洗うことが肝要です。購入先で既に十分洗われていますが、さらにきれいに洗いましょう。あゆのように内臓の苦みを味わう場合以外は、できるだけ早くえらと内臓を取り除くことが鮮度を保つ基本です。処理はプロに任せるか、本書P.105を参照してください。処理を終えた魚は、えらや腹の中など包丁を入れた部分や、ぬめりやうろこの残る表面を流水で手早く洗います。洗い終えたら時間をおかず、厚手のキッチンペーパーで包み込むようにして水気を取ります。表面はもちろん、えらぶたや腹の内側もしっかり拭きます。その後、すぐに使わない場合は腹に厚手のキッチンペーパーを詰め、全体も厚手のキッチンペーパーで包み、さらにラップで密閉し、バットなどにのせて、冷蔵庫(あればチルド室)で保存します。キッチンペーパーは水分を取るためのものなので、ドリップが出て湿ったら取り替えます。

## ◎ 調理サービスを利用する

調理サービスには、うろこ・えら取りや頭落とし、内臓を取り除く、二枚おろしや三枚おろし、さくの刺身スライスのほか、貝の殻むき、いかの皮むきなど、店にもよりますがさまざまなサービスをお願いできる店舗も増えています。調理サービスを活用して、魚料理の楽しさを広げてください。

# 速攻つまみ

## クレソンのしらす和え

クレソンのピリッとくる辛みとほろ苦さがアクセントに。

[材料｜2人分]

クレソン…1束(50g)
しらす…大さじ2(約10g)
ごま油…大さじ½
塩…少々

[作り方]

1 クレソンは3cm長さに切る。茎が太ければ3cm長さの斜め薄切りにする。
2 ボウルに1と残りの材料を入れて和える。

## しらすとわかめのにんにく炒め

やわらかく香り豊かな生わかめ。さっと炒めて春の味覚を楽しみます。

[材料｜2人分]

しらす…大さじ2(約10g)
生わかめ…80g
にんにく(みじん切り)…1かけ分
オリーブ油…小さじ2
A しょうゆ…小さじ½
　こしょう…少々

[作り方]

1 わかめは水でさっと洗い、茎のかたい部分を切り取り、食べやすい大きさに切る。
2 フライパンにオリーブ油とにんにくを入れて中火で熱し、にんにくが軽く色づき香りが立ったらわかめを加え、さっと炒める。
3 全体に油が回ったらしらすを加えて炒め合わせ、Aを絡める。味を見て足りなければ塩少々(材料外)で調える。

## しらすとザーサイ、香菜の白和え

味も香りも食感もミクスチャー。お酒がすすむ大人の白和え。

[材料｜2人分]

木綿豆腐…½丁(150g)
香菜…¼束(20g)
しらす…大さじ2(約10g)
ザーサイ(味付き)…10g
A 白すりごま…大さじ1
　ごま油…大さじ½
　しょうゆ…小さじ½
こしょう…少々
ラー油…適量

[作り方]

1 木綿豆腐は厚みを半分に切り、厚手のキッチンペーパーに包んで10分おき、手でにぎるようにして水気を絞る。ボウルに入れ、ゴムべらで滑らかになるまで潰す。
2 香菜は2cm長さに切る。ザーサイは粗みじん切りにする。
3 1にAを加えて混ぜる。
4 2としらすを加えてざっくりと和え、こしょうを加える。味を見て足りなければ塩少々(材料外)で調える。
5 器に盛り、ラー油をかける。

# ガーリックシュリンプ

えびを殻ごと焼いてバリバリ食べる、ハワイの名物料理。
香ばしいえびと、にんにくが効いたバターソースが最高！

[材料｜2人分]

えび(殻付き・バナメイエビがおすすめ)
…14～16尾(200g)

**A**
- 玉ねぎ(みじん切り)…¼個分(50g)
- にんにく(みじん切り)…2かけ分
- オリーブ油…大さじ2
- レモン汁(または白ワイン)…大さじ2
- 塩…小さじ½

バター…10g
塩・粗びき黒こしょう…各少々
パセリ(みじん切り)…適量

[作り方]

**1** えびは流水でよく洗い、水気を切る。キッチンばさみで頭側から背に沿って切り目を入れて竹串などで背ワタを抜き取り、足を切り落とす。

**2** **1**の水気を拭き取ってボウルに入れ、**A**を加えて絡める。

**3** フライパンに**2**を汁ごと入れて重ならないように広げ、中火で3分焼く。殻が赤くなったら上下を返して強めの中火にし、水分がなくなり軽く焼き色がついたらバターを加えて全体を炒め合わせ、塩と粗びき黒こしょうで味を調える。

**4** 器に盛り、パセリをふる。

［材料｜2人分］
むきえび…100g
卵…2個
長ねぎ（みじん切り）…10cm分
しょうが（みじん切り）…1かけ分
塩・こしょう…各少々
A｜塩…一つまみ
　｜こしょう…少々
サラダ油…大さじ½
ごま油…大さじ½

［作り方］
1 えびは背ワタがあれば除いてボウルに入れ、片栗粉と塩各適量（分量外）を加えてもみ、水で洗う。水気を拭き取り、塩とこしょうをふる。
2 ボウルに卵を割り入れて溶きほぐし、Aを加えて混ぜる。
3 フライパンにサラダ油を中火で熱し、2を入れて大きく混ぜる。半熟状になったら取り出す。
4 3のフライパンにごま油を中火で熱し、1を入れて2〜3分焼く。両面に軽く焼き色がついたら、長ねぎとしょうがを加えて炒め合わせ、長ねぎがしんなりとしたら3の卵を戻し入れてさっと混ぜる。

*memo*
むきえびは塩味がついているものもあるので、下味の塩加減に注意してください。

# えびと卵の塩炒め

プリップリのえびとふわふわ卵。
別々に火を通してから合わせることで、それぞれの食感が際立ちます。

# 帆立のキムチ和え

和えるだけで極旨つまみの完成。
キムチの辛みをごま油が和らげます。

［材料｜2人分］

帆立の貝柱（刺身用）
…100g
白菜キムチ…70g
ごま油…小さじ1

［作り方］

1 帆立は水気を拭き取り、厚みを半分に切る。
2 ボウルに1と残りの材料を入れて和える。

*memo*
一晩ほどおいても帆立のねっとり感が増しておいしい。

# 帆立と切り干し大根のマヨ和え

帆立に切り干し大根を合わせて食感よく。
三つ葉で香りをプラス。

［材料｜2人分］

帆立の貝柱（刺身用）
…100g
切り干し大根…20g
三つ葉…7～8本
A
マヨネーズ…大さじ1
ぽん酢しょうゆ…小さじ2
ゆずこしょう…小さじ¼

［作り方］

1 切り干し大根はさっと洗い、水に5分ほど浸けて水気を絞り、食べやすく切る。
2 帆立は水気を拭き取り、4等分に切る。三つ葉は3㎝長さに切る。
3 ボウルにAを入れて混ぜ、1と2を加えて和える。

# かつおとみょうがのおかか和え

かつおに削り節をプラス。
かつおのダブル使いで旨味アップ。

［材料｜2人分］

かつお（刺身用さく・皮なし）…100g
みょうが…1個
削り節…½袋（約2g）
A ごま油…大さじ½
A しょうゆ…小さじ½
塩…少々

［作り方］

1 かつおは1cm厚さに切ってから1枚を2〜3等分の食べやすい大きさに切る。
2 みょうがは縦半分に切ってから縦にせん切りにする。
3 ボウルに1と2を入れ、Aを加えて和え、削り節を加えてさっと混ぜる。

# いかのハーブサラダ

ハーブがさわやかな後を引くサラダ。
ナンプラーでエスニック風に。

[材料｜2人分]

するめいか…1杯
紫玉ねぎ(または玉ねぎ)…1/8個(約30g)
小ねぎ…1～2本
香菜…1株
ミント…6～8枚

**A**
- ナンプラー・レモン汁…各小さじ2
- 砂糖…小さじ1
- おろしにんにく…小さじ1/4
- 赤唐辛子(輪切り。または粉唐辛子、一味唐辛子)…少々

[作り方]

**1** するめいかは内臓を引き抜き、足の処理をして2本ずつに切り分ける。胴は軟骨を取り、1cm幅の輪切りにする(P.109参照)。

**2** 紫玉ねぎは縦薄切りにする。小ねぎは3cm長さ、香菜は2cm長さに切り、ミントは茎を取り除き、大きい葉はちぎる。

**3** ボウルに**A**を合わせて混ぜる。

**4** 鍋に1cm深さほどの湯を沸かして**1**を入れ、火が通るまで混ぜながら1～2分ゆでる。

**5** **4**の水気を切って**3**に加えて混ぜ、粗熱を取る。**2**を加え、ざっくりと和える。

# 水だことオクラのカルパッチョ

オクラだれで食べるカルパッチョ。
レモンの皮がアクセントになるさわやかな一品。

［材料｜2人分］

水だこの足(刺身用・薄切りのもの)…100g
オクラ…5本
A
- オリーブ油・レモン汁…各小さじ1
- 塩…小さじ¼
- こしょう…適量

オリーブ油…小さじ1
レモンの皮(国産・すりおろしたもの)…適量

［作り方］

1 オクラはへたを切り落としてがくをむき取り、塩適量(分量外)をこすりつけてさっと洗う。包丁の先で小さな切り目を入れてラップで包み、電子レンジ(600W)で30〜40秒加熱し、冷水にとる。

2 1が冷めたら水気を拭き取り、薄い小口切りにしてボウルに入れ、Aを加えて混ぜる。

3 器に水だこを並べ、2をかけてオリーブ油を回しかけ、レモンの皮を散らす。

## たこのセビーチェ

ペルーなど中南米で食べられている魚介のマリネ。
カラフルな見た目も食欲をそそります。

［材料｜2人分］

ゆでだこ…120g
赤パプリカ…¼個(30g)
ピーマン…1個
紫玉ねぎ(または玉ねぎ)…¼個(50g)
香菜…1株

A
おろしにんにく…小さじ¼
ライム(またはレモン)の搾り汁…大さじ1
オリーブ油…小さじ2

塩…一つまみ
こしょう…少々
チリパウダー…適量

［作り方］

1 たこは5㎜厚さのそぎ切りにする。
2 紫玉ねぎは縦薄切りにする。ボウルに入れて塩一つまみ(分量外)をふってもみ、しんなりとしたら水でさっと洗って水気を絞る。赤パプリカとピーマンは粗みじん切りにする。香菜は1㎝長さに切る。
3 ボウルにAを入れて混ぜ、1、2を加えて混ぜ合わせ、塩とこしょう、チリパウダーで味を調える。

## たこのガリシア風

スペインの定番タパスを手軽に。ワインを片手におうちバル。

［材料｜2人分］

ゆでだこ…80g
じゃがいも…1個(150g)
塩…一つまみ
オリーブ油…大さじ1
パプリカパウダー…適量
一味唐辛子…適宜

［作り方］

1 じゃがいもはよく洗い、皮付きで濡れたままキッチンペーパーで包んでからラップで包み、電子レンジ(600W)で竹串がスッと通るまで5〜6分加熱する。
2 1の皮をむき、1㎝厚さの半月切りにする。たこは5㎜厚さのそぎ切りにする。
3 器にじゃがいもを広げて盛り、塩をふり、たこを盛る。オリーブ油を回しかけ、パプリカパウダーと好みで一味唐辛子をふる。

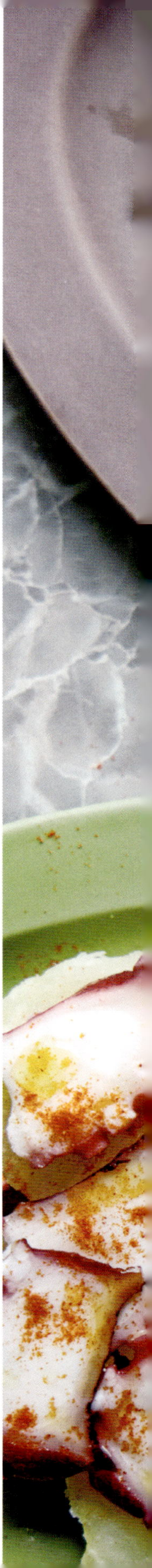

# サーモンといくらの塩麹和え

塩麹の力でサーモンの旨味を引き出します。

[材料｜2人分]

サーモン(刺身用さく)
…100g
いくら
…小さじ2〜3
塩麹…小さじ1

[作り方]

1 サーモンは5㎜厚さのそぎ切りにしてから半分に切る。
2 ボウルに1と塩麹を入れて和え、いくらを加えてさっと和える。

memo
時間があれば冷蔵庫で1時間以上おくとねっとりとした食感になる。

# スモークサーモンとかぶのゆず和え

ゆずの香り豊かなかぶのなます風。
スモークサーモンを加えて食べ応えと彩り、ともにアップ。

[材料｜2人分]

スモークサーモン…40g
かぶ…2個(200g)
ゆずの皮(せん切り)…¼個分
塩…小さじ¼
A ゆずの搾り汁・酢
…各大さじ½
砂糖…小さじ1

[作り方]

1 かぶは皮をむいて縦半分に切り、繊維に沿って縦薄切りにする。ボウルに入れて塩をふってもみ、5分おいて水気を絞る。
2 1にAを加えて混ぜ、ゆずの皮、スモークサーモンを食べやすい大きさにちぎりながら加え、和える。

## あじの干物ときゅうりの梅おろし和え

干物の旨味と塩味に、さっぱりとした大根おろしと梅の酸味がほどよく絡んで美味。

［材料｜2人分］

あじの干物…1尾分
きゅうり…1本
大根おろし…1/4本分
（約250g）
梅肉（塩分8%）
…1個分（約10g）
塩…小さじ1/4
白いりごま…適量
ぽん酢しょうゆ…適宜

［作り方］

1 あじの干物は十分に予熱した魚焼きグリルでこんがりと焼き、粗熱が取れたら骨を除いて食べやすくほぐす。
2 梅肉は包丁でたたいてペースト状にする。
3 きゅうりは薄い小口切りにする。ボウルに入れ、塩をふってもみ、5分おいて水気を絞る。
4 3に1と2、大根おろしを加えてざっくりと和え、器に盛る。白いりごまをふり、好みでぽん酢しょうゆをかける。

## うなぎと長いもの和え物

酷暑におすすめ、滋養たっぷりのスピードつまみ。

［材料｜2人分］

うなぎのかば焼き
…1/2尾分（約100g）
長いも…100g
おろしわさび・しょうゆ
…各適量

［作り方］

1 うなぎは1.5cm幅の食べやすい大きさに切り、アルミホイルに重ならないようにのせ、オーブントースターで軽く温める。
2 長いもは皮をむいて細切りにする。
3 ボウルに1、2を入れてざっくりと和える。
4 器に盛り、練りわさびをのせ、しょうゆをかける。

## 明太クリームチーズ

定番の明太子×クリームチーズ。
クラッカーにのせてカナッペに。

［材料｜2人分］
明太子…¼腹(15g)
クリームチーズ…40g
小ねぎ(小口切り)…1本分

［作り方］
1 明太子は薄皮から身をこそげ取る。
2 ボウルにクリームチーズを入れてゴムべらで滑らかにし、1と小ねぎを加えてざっくりと和える。

## 酒盗クリームチーズ

相性抜群な組み合わせ。
日本酒でじっくり楽しみたいつまみです。

［材料｜2人分］
クリームチーズ…40g
酒盗…小さじ2

［作り方］
1 器にクリームチーズを盛り、酒盗をのせる。

## 数の子クリームチーズ

食感のよい数の子に
濃厚クリームチーズを絡めたお手軽つまみ。

［材料｜2人分］
数の子(味付き)…40g
クリームチーズ…40g
おろしわさび…小さじ¼〜⅓
削り節…一つまみ(約1g)

［作り方］
1 数の子は1.5㎝角に切る。
2 ボウルにクリームチーズを入れてゴムべらで滑らかにし、おろしわさびを加えて混ぜる。
3 1と削り節を加え、ざっくりと和える。

# マスカルポーネタラモサラダ

マスカルポーネのコクがじゃがいも、たらこにマッチ。
ディルを加えて風味よく仕上げます。

［材料｜2人分］

じゃがいも…2個（300g）
たらこ…1腹（40g）
ディル…1枝

A
マスカルポーネチーズ…大さじ2
オリーブ油…大さじ1
レモン汁…小さじ½
おろしにんにく…小さじ¼

塩…少々

［作り方］

1 じゃがいもはよく洗い、皮付きで濡れたままキッチンペーパーで包んでからラップで包み、電子レンジ（600W）で竹串がスッと通るまで5〜6分加熱する。

2 1の皮をむいてボウルに入れ、フォークで潰す。

3 たらこは薄皮から身をこそげ取る。ディルは太い茎を除いて粗く刻む。

4 2の粗熱が取れたらAと3のたらこを加えて混ぜ、塩で味を調える。ディルを加え、ざっくりと混ぜ合わせる。

三章

# 焼く・炒める

## あじの塩焼き

脂ののった旬のあじに出会ったら、
まずは塩焼きで一献。

[材料｜2人分]
あじ…2尾
塩…適量
大根おろし・しょうゆ
…各適量
レモン(またはすだち)
…適宜

[作り方]
1 あじはうろこ、ぜいご、内臓、えらを取り除いて洗い、水気を拭き取る(P.105参照)。
2 1の盛りつけたときに表になる面(頭が左)の身の厚い部分に、斜めに2本切り目を入れる。各ひれ(背、胸、腹、尾)に指で塩を多めにまぶしつけ、さらに、両面全体に塩をふる。
3 十分に予熱した魚焼きグリルに2を表になる面を上にして並べ入れ、中火で両面に焼き色がつくまで10分ほど焼く(片面焼きグリルの場合は焼き色がついたら裏返す)。
4 器に盛り、大根おろしを添えてしょうゆをかける。好みでレモンを添える。

## あじのチーズ焼き

のせて焼くだけ。
チーズに塩気があるのでふり塩は控えめに。

[材料｜2人分]
あじ
(三枚におろしたもの)
…2尾分
ピザ用チーズ…30g
塩・こしょう…各少々
サラダ油…少量

[作り方]
1 あじは腹骨、小骨があれば取り(P.104参照)、水気を拭き取る。長さを半分に切り、皮目に塩とこしょうをふる。
2 フライパンにサラダ油を薄くひき、ピザ用チーズを8等分に分けて置き、中火にかける。
3 チーズの上に1を皮目を上にして置き、チーズがきつね色になるまで3～4分焼き、上下を返して皮目に焼き色がつくまで2～3分焼く。

# 焼きあじとなすのにらだれ

揚げ焼きにしたなすとカリッと焼いたあじに
しょうがを効かせたにらだれをたっぷりかけて。

［材料｜2人分］

あじ（三枚におろしたもの）…2尾分
なす…2本
塩…少々
薄力粉…適量
にら…30g

A
- おろししょうが・白いりごま…各小さじ1
- しょうゆ・酢…各小さじ2
- ごま油…小さじ1
- 砂糖…ひとつまみ

サラダ油…大さじ2

［作り方］

1 あじは腹骨、小骨があれば取り（P.104参照）、水気を拭き取る。全体に塩をふり、薄力粉を薄くまぶす。

2 なすはへたを切り落とし、縦4等分に切る。

3 にらは7〜8㎜幅に切ってボウルに入れ、Aを加えて混ぜ合わせる。

4 フライパンにサラダ油を中火で熱し、2を皮目を下にして入れ、時々転がしながら焼き色がつくまで3〜4分焼いて取り出す。

5 4のフライパンに1を並べ入れ、両面に焼き色がつくまで焼く。

6 器に4と5を盛り合わせ、3をかける。

# あじのナッツみそ焼き

焼けたみそとナッツの香ばしさが
お酒との相性抜群。

［材料｜2人分］

あじ（三枚におろしたもの）…2尾分
ピーマン…2〜3個
アーモンド（素焼き・無塩）…15g

A
- みそ…大さじ1
- みりん・砂糖…各小さじ1

塩…少々

［作り方］

1 あじは腹骨、小骨があれば取り（P.104参照）、水気を拭き取る。

2 ピーマンは縦半分に切り、へたと種を除く。

3 アーモンドは粗めに刻んでボウルに入れ、Aを加えて混ぜ合わせる。

4 十分に予熱した魚焼きグリルに1を皮目を上にして並べ入れ、空いている所にピーマンを切り口を下にして置き、中火で3分ほど焼く。あじに焼き色がついたら表面に3を塗り、さらに2〜3分焼く（片面焼きの場合は先に皮目を下にして焼き、裏返して3を塗って焼く）。ピーマンは焼き色がついたら取り出し、塩をふる。

*memo*
みそは焦げやすいので、
様子を見ながら焼きましょう。

野菜も一緒にたっぷり摂れる南蛮漬け。
ピリ辛の甘酢だれを絡めるお手軽レシピです。

[材料 2人分]

あじ(三枚におろしたもの)…2尾分
ゴーヤ…½本
玉ねぎ…¼個(50g)
片栗粉…適量
塩・砂糖…各小さじ½
サラダ油…大さじ2

A
赤唐辛子(輪切り)…½〜1本分
酢…大さじ2
水・砂糖…各大さじ1
しょうゆ…小さじ2

[作り方]

1 あじは腹骨、小骨があれば取り(P.104参照)、水気を拭き取る。長さを半分に切り、全体に片栗粉を薄くまぶす。
2 ゴーヤは縦半分に切ってスプーンで種とワタを取り、2〜3㎜厚さの薄切りにする。ボウルに入れて塩と砂糖をふってもみ、10分おく。水でさっと洗い、水気を絞る。
3 玉ねぎは縦薄切りにする。
4 フライパンにサラダ油を中火で熱し、1を並べ入れて両面に焼き色がつくまで焼き、取り出す。
5 フライパンの汚れをさっと拭き取り、2を入れて炒める。油が回ったら3を加えて炒め合わせ、Aを加えて火を止める。
6 あじを戻し入れてフライパンの中で和え、器に盛る。

# 鮭のバター照り焼き

定番の照り焼きに、バターを加えて深みを出します。
溶け出した脂を拭き取ることで、
臭みが残らず皮目もパリッと焼き上がります。

[材料｜2人分]

生鮭(切り身)…2切れ(200g)
塩…少々
薄力粉…適量
A
- バター…10g
- みりん…大さじ1
- 酒・しょうゆ…各大さじ½

サラダ油…大さじ½
ベビーリーフ…適宜

[作り方]

1 鮭は水気を拭き取り、全体に塩をふり、薄力粉を薄くまぶす。
2 フライパンにサラダ油を中火で熱して1を並べ入れ、こんがりと焼き色がつくまで両面を2〜3分ずつ焼く。
3 火を止めて余分な脂を拭き取り、Aを加える。再び中火にかけ、スプーンで焼きだれを鮭に回しかけて全体に絡める。
4 器に盛り、好みでベビーリーフを添える。

# 鮭のソテー サルサソース

サラダ感覚のフレッシュソースが鮭とよく合います。
タバスコで好みの辛さに調節を。
キリッと冷やした白ワインなどとどうぞ。

[材料 2人分]

生鮭(切り身)…2切れ(200g)
塩・こしょう…各少々
薄力粉…適量
サルサソース
　トマト…1個(200g)
　ピーマン(粗みじん切り)…1個分
　玉ねぎ(みじん切り)…大さじ2
　オリーブ油…大さじ1
　レモン汁…小さじ1
　おろしにんにく…小さじ½
　塩…小さじ¼
　タバスコ…適量
オリーブ油…大さじ1

[作り方]

1 サルサソースを作る。トマトはへたを取って横半分に切り、スプーンで種を取り除いて1cm角に切る。ボウルにすべての材料を入れ、混ぜ合わせる。

2 鮭は水気を拭き取り、1切れを3等分に切る。全体に塩とこしょうをふり、薄力粉を薄くまぶす。

3 フライパンにオリーブ油を中火で熱し、2を並べ入れてこんがりと焼き色がつくまで両面を2～3分ずつ焼く。

4 器に盛り、1をかける。

## ヤンニョム鮭

韓国の定番ヤンニョムチキンを鮭でアレンジ。
ノンフライでヘルシーに仕上げます。

[材料｜2人分]

生鮭(切り身)
…2切れ(200g)
塩・こしょう…各少々
片栗粉…適量

A
コチュジャン…大さじ1
水・酒…各大さじ1
はちみつ…小さじ1
おろしにんにく…小さじ½
しょうゆ…小さじ½

サラダ油…大さじ1
白いりごま…小さじ1

[作り方]

1 鮭は水気を拭き取り、一口大に切る。全体に塩とこしょうをふり、片栗粉を薄くまぶす。
2 Aは混ぜ合わせる。
3 フライパンにサラダ油を中火で熱して1を入れ、こんがりと焼き色がつくまで両面を2～3分ずつ焼く。
4 火を止めて余分な脂を拭き取り、鮭を端に寄せて空いた所に2を加える。再び中火にかけて煮立たせ、軽くとろみがついたら鮭に絡め、白いりごまをふる。

## 鮭の香草パン粉がけ

焼き鮭にカリカリパン粉をかければフライ風に変身。
にんにくとパセリの香りが食欲をそそります。

[材料｜2人分]

生鮭(切り身)
…2切れ(200g)
塩・こしょう…各少々
薄力粉…適量
香草パン粉

オリーブ油…大さじ1
にんにく(みじん切り)
…1かけ分
パン粉…大さじ3
パセリ(みじん切り)・
粉チーズ…各大さじ1

オリーブ油…大さじ½

[作り方]

1 鮭は水気を拭き取り、全体に塩とこしょうをふり、薄力粉を薄くまぶす。
2 フライパンにオリーブ油を中火で熱し、1を並べ入れてこんがりと焼き色がつくまで両面を2～3分ずつ焼き、器に盛る。
3 香草パン粉を作る。2のフライパンをさっと洗い、オリーブ油とにんにくを入れて中火にかける。香りが立ったらパン粉を加えて炒める。きつね色になったら火を止め、パセリと粉チーズを加えてさっと混ぜ、2にかける。

# 鮭のソテー マッシュルームクリームソース

マッシュルームの旨味たっぷりの濃厚クリームソース。
ホームパーティーにもおすすめのリッチな一皿。

［材料｜2人分］

生鮭（切り身）…2切れ（200g）
塩・こしょう…各少々
薄力粉…適量
マッシュルームクリームソース
　ブラウンマッシュルーム（薄切り）…100g
　玉ねぎ（みじん切り）…¼個分（50g）
　バター…15g
　生クリーム…100㎖
　塩…小さじ¼
　こしょう…少々
オリーブ油…大さじ½
パセリ（みじん切り）…適量

［作り方］

1 鮭は水気を拭き取り、全体に塩とこしょうをふり、薄力粉を薄くまぶす。

2 フライパンにオリーブ油を中火で熱し、1を並べ入れてこんがりと焼き色がつくまで両面を2〜3分ずつ焼き、器に盛る。

3 マッシュルームクリームソースを作る。2のフライパンの脂を拭き取りバターを入れ、中火にかけて溶かす。玉ねぎを入れてしんなりとするまで炒め、マッシュルームを加えて炒め合わせる。マッシュルームがしんなりとしたら生クリームを加え、混ぜながら煮る。軽くとろみがついたら塩とこしょうで味を調える。

4 2に3をかけ、パセリをふる。

## さばのスパイシーグリル

さばにスパイスをまぶしたワインに合う一品。
オリーブ油をまぶすとパリッと香ばしく焼き上がります。

［材料｜2人分］

さば（二枚におろした半身）
…1枚（中骨なし200g、
中骨あり250gが目安）
塩…適量
オリーブ油…小さじ1
クミンシード…小さじ1
カレー粉…小さじ½
香菜（2cm長さ）…適量

［作り方］

1 さばは塩少々をふって10分おき、表面に浮いた水気を拭き取る。長さを半分に切り、皮目に2cm間隔で斜めに浅い切り目を入れ、再び塩少々をふる。

2 1にオリーブ油を絡めてクミンシードをまぶし、カレー粉をふる。

3 十分に予熱した魚焼きグリルに2を皮目を上にして並べ入れ、中火で両面に焼き色がつくまで8分ほど焼く（片面焼きグリルの場合は焼き色がついたら裏返す）。

4 器に盛り、香菜を添える。

*memo*

塩を2度ふるのは、1度目はさば特有の臭いを消すため、2度目は味つけ用です。

# 焼きさばの中華風あんかけ

皮目をパリッと焼いたさばに
野菜たっぷりのあんがとろりと絡む、
大満足のボリュームつまみ。

[材料｜2人分]

さば(二枚におろした半身)
…1枚(中骨なし200g、
中骨あり250gが目安)
玉ねぎ…1/4個(50g)
にんじん…1/4本(30g)
ピーマン…1個
しょうが(せん切り)
…1かけ分

A
水…150mℓ
酒…大さじ1
オイスターソース
…大さじ1/2
しょうゆ…小さじ1/2
片栗粉…小さじ2

ごま油…小さじ2
塩・こしょう…各適量

[作り方]

1 さばは塩少々をふって10分おき、表面に浮いた水気を拭き取り、食べやすい大きさに切る。
2 玉ねぎは縦薄切り、にんじんとピーマンは細切りにする。
3 Aは混ぜ合わせる。
4 十分に予熱した魚焼きグリルに1を皮目を上にして並べ入れ、中火で両面に焼き色がつくまで8分ほど焼き(片面焼きグリルの場合は焼き色がついたら裏返す)、器に盛る。
5 フライパンにごま油を中火で熱し、玉ねぎとにんじんを入れて炒める。しんなりとしたらピーマンとしょうがを加えてさっと炒め合わせ、塩少々とこしょうをふる。
6 5に3を再度よく混ぜてから加え、全体を混ぜながら一煮立ちさせ、とろみがついたら4にかける。

# さばのみそマヨ焼き

濃厚なみそマヨだれをたっぷり塗ってこんがり焼き上げます。
さばの脂がたれに溶け込んで奥深い味わいに。

［材料｜2人分］
さば（二枚におろした半身）…1枚（中骨なし200g、中骨あり250gが目安）
長ねぎ…½本
塩…適量
A マヨネーズ…大さじ1と½
　みそ…小さじ1
七味唐辛子…適量

［作り方］
1 さばは塩少々をふって10分おき、表面に浮いた水気を拭き取る。長さを半分に切り、皮目に2cm間隔で斜めに浅い切り目を入れる。
2 Aは混ぜ合わせる。長ねぎは4cm長さに切る。
3 十分に予熱した魚焼きグリルに1を皮目を上にして並べ入れ、空いている所に長ねぎを置き、中火でさばに軽く焼き色がつくまで6～7分焼く（片面焼きグリルの場合は焼き色がついたら裏返す）。長ねぎは途中で上下を返しながら焼き、やわらかくなったら塩少々をふって取り出す。
4 3のさばの皮目にAを塗り、焼き色がつくまでさらに2～3分焼く。
5 器にさばと長ねぎを盛り合わせ、七味唐辛子をふる。

# さばの塩焼き 薬味おろし

脂ののったさばは、
薬味たっぷりの大根おろしでさっぱりと。

［材料｜2人分］
さば（二枚におろした半身）
…1枚（中骨なし200g、中骨あり250gが目安）
塩…適量
ぽん酢しょうゆ…適量
薬味おろし
- 大根おろし…5㎝分（約200g）
- 青じそ（せん切り）…3〜4枚分
- みょうが（薄い小口切り）…1個分

［作り方］
1 さばは塩少々をふって10分おき、表面に浮いた水気を拭き取る。長さを半分に切り、皮目に2㎝間隔で斜めに浅い切り目を入れ、再び塩少々をふる。
2 十分に予熱した魚焼きグリルに1を皮目を上にして並べ入れ、中火で両面に焼き色がつくまで8分ほど焼く（片面焼きグリルの場合は焼き色がついたら裏返す）。
3 ボウルに薬味おろしの材料を合わせ、ざっくりと混ぜ合わせる。
4 器に2を盛り、3を添えてぽん酢しょうゆをかける。

# あさりのバジル炒め

台湾の居酒屋で人気のメニュー。現地でははまぐりを使いますが手頃なあさりにアレンジ。ピリ辛の味付けにバジルの香りが心地よい、ビールがすすむ一品です。

[材料｜2人分]

あさり(砂抜き済み)…250g
バジルの葉…20〜30枚
にんにく(みじん切り)…1かけ分
しょうが(せん切り)…1かけ分
赤唐辛子(輪切り)…½〜1本分
**A**
　水…50ml
　酒…大さじ2
しょうゆ・砂糖…各小さじ½
サラダ油…大さじ1

[作り方]

**1** あさりは流水の下で殻と殻をこすり合わせるようにして洗う。

**2** フライパンにサラダ油、にんにく、しょうが、赤唐辛子を入れて中火で熱し、香りが立ったら**1**を加えてさっと炒める。**A**を加えて蓋をし、2分ほど蒸し焼きにする。

**3** あさりの殻がすべて開いたらしょうゆと砂糖を加えて混ぜ、火を止めてバジルの葉を加えてさっと混ぜる。

# 渡りがにと卵の炒め物

殻ごと炒める豪快な一皿。蒸し焼きにして
かにから出る旨味のエキスで卵をおいしく仕上げます。

[材料｜2人分]

渡りがに…1杯(約350g)
卵…2個
にんにく(みじん切り)・
　しょうが(みじん切り)…各1かけ分
長ねぎ(みじん切り)…¼本分
酒…50㎖
A ｜オイスターソース…大さじ½
　｜豆板醤…小さじ½
ごま油…大さじ1
香菜(7～8㎜長さに切る)…適宜

[作り方]

1 渡りがには、たわしでよく洗う。腹の部分にある三角形のふんどしを手で開いてはがし取り、甲羅との間にできたすき間に親指を入れ、もう片方の手で胴を起こすようにして甲羅から引きはがす。

2 腹側にある口と灰色の筋状のガニを手でつまみ取り、足と胴を食べやすくぶつ切りにする。

3 卵は溶きほぐす。Aは混ぜ合わせる。

4 フライパンにごま油、にんにく、しょうがを入れて中火で熱し、香りが立ったら2を加えてさっと炒める。全体に油が回ったら酒を加えて蓋をし、弱めの中火で5分ほど蒸し焼きにする。

5 蓋を取って中火にし、長ねぎを加えてさっと炒め合わせる。Aを加えて混ぜ、溶き卵を回し入れて、大きく混ぜながら炒める。卵が半熟状になったら火を止める。

6 器に盛り、好みで香菜を散らす。

a

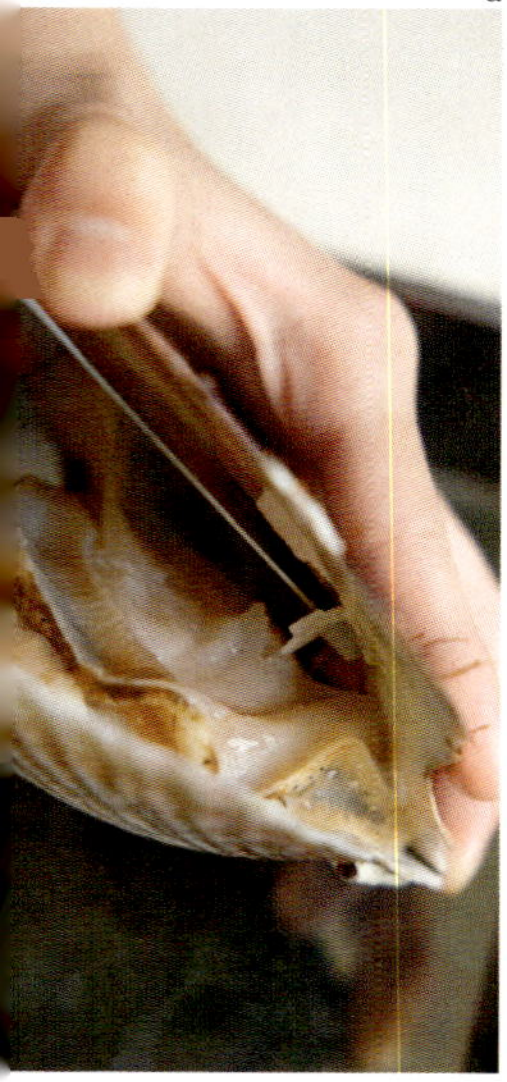

## 帆立の貝焼き バターじょうゆ

殻付きのまま焼き上げる帆立貝。
貝柱が白くなり、汁がクツクツしてきたらおいしいタイミング。
晩酌が盛り上がること間違いなし!!

［材料｜2人分］

帆立貝（殻付き）…2個
バター…10g
しょうゆ…少々

［作り方］

1 帆立貝はたわしでよく洗い、殻の平たい方を上、ちょうつがいを向こう側にして置く。貝殻のすき間からナイフを差し込み、上の殻の面に沿ってナイフを小刻みに動かし、貝の中央辺りにある貝柱と貝殻をつないでいる部分を切り離す［a］。貝柱がはがれると貝が開くので、上側の平らな殻をはずす。

2 残った側の貝柱と貝殻の間にナイフを差し込み、1と同様にナイフを動かして貝柱を切り離す［b］。

3 ウロ（黒い部分）を指でつかみ出して取り除き［c］、貝柱の周囲についているえらを引っ張って取りはずす［d］。

4 貝柱を取り出してよく水洗いし、キッチンペーパーで水気を拭き取る。深さのある方の殻を水洗いし、水気を拭き取る。

5 4の殻に貝柱をのせて焼き網に並べ、強火にかける。貝柱から出た汁が煮立ち始めたら上下を返し、貝柱の両面が白くなったら焼き上がり、バターをのせてしょうゆをたらす。

*memo*
加熱時間が長いとかたくなるので、強火で短時間で仕上げます。殻は熱くなるので、やけどしないように注意してください。

b

c

d

# いわしのハーブ焼き

蒸し焼きでローズマリーの香りをつけ、
いわしはふっくら
ジューシーに仕上げます。

［材料｜2人分］
いわし…4尾
ズッキーニ…½本
ミニトマト…6個
にんにく…1かけ
ローズマリー…2枝
塩・こしょう…各適量
オリーブ油…小さじ2

［作り方］

1 いわしはうろこを取り、頭と内臓を取り除いてよく洗い、水気を拭き取る。全体に薄く塩、こしょうをふる。

2 ズッキーニは1cm厚さの輪切り、ミニトマトはへたを取って横半分に切る。にんにくは縦半分に切って芽を取り、包丁の腹で潰す。

3 フライパンにオリーブ油とにんにくを入れて中火で熱し、香りが立ったらいわしとズッキーニを並べ入れ、それぞれ両面に焼き色がつくまで焼き、ローズマリーをのせる。

4 スペースを作ってミニトマトを入れ、蓋をして弱火で3〜4分蒸し焼きにし、ズッキーニとミニトマトに軽く塩をふる。

# いわしの明太子焼き

いわしのお腹にピリ辛の明太子をたっぷり詰めて焼く、博多の人気郷土料理を手作りで楽しみます。

［材料｜2人分］
いわし…4尾
辛子明太子…1腹（60g）
酒…大さじ1と1/3

［作り方］
1 いわしはうろこを取り、頭と内臓を取り除いてよく洗う。水気を拭き取り、手開きして中骨を除き、包丁で腹骨をそぎ取る（P.108参照）。酒をふって5分ほどおき、水気を拭き取る。
2 明太子は薄皮から身をこそげ取り、1の腹の片側に1/4量ずつのせて広げ、挟む。
3 アルミホイルをクシャッとしわをつけてから広げ、2を並べる。十分に予熱した魚焼きグリルに入れ、中火で5分焼き、上下を返してさらに3分焼く（片面焼きグリルの場合も同様に焼く）。

## ぶりのオイスター照り焼き

オイスターソースのコクとしょうがの香りが
定番のぶり照りにぴったり合います。

[材料｜2人分]

ぶり（切り身）…2切れ（200g）
しいたけ…2枚
塩・こしょう…各少々
薄力粉…適量

**A**
おろししょうが…小さじ½
酒・水…各大さじ1
オイスターソース…大さじ½
しょうゆ・砂糖…各小さじ½

ごま油…大さじ½
白髪ねぎ…適量

[作り方]

1 ぶりは塩をふって10分おき、表面に浮いた水気を拭き取る。こしょうをふり、薄力粉を薄くまぶす。
2 しいたけは軸を除き、半分に切る。
3 Aは混ぜ合わせる。
4 フライパンにごま油を中火で熱し、1を並べ入れてこんがりと焼き色がつくまで両面を約3分ずつ焼く。上下を返した際にしいたけを加え、返しながら焼く。
5 4の火を止めて脂を拭き取り、3を加える。再び中火にかけ、スプーンでたれをかけながら軽くとろみがつくまで煮絡める。
6 器に盛り、フライパンに残ったたれをかけ、白髪ねぎを添える。

## ぶりのステーキ バルサミコソース

甘酸っぱくてフルーティーなバルサミコ酢としょうゆを
合わせたソースが、ぶりの味わいを引き立てます。

[材料｜2人分]

ぶり（切り身）…2切れ（200g）
塩・こしょう…各少々
薄力粉…適量
オリーブ油…大さじ½

**A**
バルサミコ酢…大さじ2
しょうゆ…大さじ½

クレソン…適宜

[作り方]

1 ぶりは塩をふって10分おき、表面に浮いた水気を拭き取る。こしょうをふり、薄力粉を薄くまぶす。
2 フライパンにオリーブ油を中火で熱し、1を入れてこんがりと焼き色がつくまで両面を約3分ずつ焼き、器に盛る。
3 2のフライパンの脂を拭き取り、Aを入れて中火にかけ、軽くとろみがつくまで2～3分煮る。
4 2に3をかけ、好みでクレソンを添える。

# ぶりのソテー サルサヴェルデ

イタリア語で「緑のソース」を
意味するフレッシュソースで
ぶりの塩焼きが華やかな一皿に早変わり。

［材料｜2人分］

ぶり（切り身）…2切れ（200g）
塩…適量
こしょう…少々
薄力粉…適量
サルサヴェルデ
パセリの葉（またはイタリアンパセリ）…10g
ケッパー…10g
アンチョビフィレ…1枚
白ワインビネガー…大さじ½（またはレモン汁…小さじ1〜1と½）
オリーブ油…大さじ2と½
にんにく（粗みじん切り）…¼かけ分

---

オリーブ油…大さじ1

［作り方］

1 ハンドブレンダー付属の容器（なければ小さめのボウル）にサルサヴェルデの材料を合わせ、ハンドブレンダーで滑らかになるまで攪拌する。

2 ぶりは塩少々をふって10分おき、表面に浮いた水気を拭き取る。大きめの一口大に切り、さらに塩少々とこしょうをふり、薄力粉を薄くまぶす。

3 フライパンにオリーブ油を中火で熱し、2を入れてこんがりと焼き色がつくまで両面を約3分ずつ焼く。

4 器に1を適量のせ、3を盛る。

*memo*

サルサヴェルデは煮沸消毒した保存容器に移し、冷蔵庫で1週間ほど保存可能。焼き魚の他、カルパッチョ、豚のソテー、グリル野菜などに幅広く使えます。ハンドブレンダーがない場合は細かく刻んだ材料と調味料を混ぜ合わせるとよいでしょう。

# かつおの塩たたき

皮付きのかつおに塩をふって表面を軽く焼き、
たっぷりの薬味を添えます。
刺身とは異なる食感と凝縮された旨味がたまらない、
旬の時季には必ず食べたい和つまみです。

［材料｜2人分］

かつお（刺身用・皮付き）…200g
玉ねぎ…1/4個（50g）
塩…適量
薬味
- 青じそ…5〜6枚
- みょうが…2個
- にんにく…1かけ
- 新しょうが（またはしょうが）…1かけ

すだち…1〜2個
サラダ油…小さじ1

［作り方］

1 玉ねぎは縦薄切りにし、水に5分さらして水気を切る。
2 薬味のみょうがと新しょうがはせん切りにし、にんにくは薄い輪切りにする。
3 すだちは横半分に切る。
4 かつおは全体に軽く塩をふる［a］。
5 フライパンにサラダ油を強火で熱し、4を皮目を下にして入れ、軽く押さえながら焼き目がつくまで1分ほど焼く［b］。他の面は表面が白っぽくなる程度にさっと焼く［c］。
6 5をバットに移し、そのまますぐ冷凍室に5分ほど入れて急冷する。
7 6を7〜8㎜厚さに切る。
8 器に1と青じそ、7を半量ずつ交互に盛りつけ、かつおに塩をふる。2とすだちを添える。

*memo*
かつおは、まな板に皮目を上にして向こう側が高くなるように置き、包丁の刃元を身に当てて切っ先まで手前に一気に引いて切ります。

a

b

c

# さんまの梅しそ巻き

香りのよい青じそと梅肉をさんまと一緒に
巻いてこんがり焼いた、季節の一品。
食べやすい一口サイズはお酒のお供に最適。

［材料｜2人分］

さんま…2尾
青じそ…4枚
梅肉（塩分8％）…1個分（約10g）
塩…適量
薄力粉…適量
サラダ油…小さじ2

［作り方］

1 青じそは軸を切って縦半分に切る。梅肉は包丁でたたいてペースト状にする。

2 さんまはうろこ、頭、内臓を取り除き、洗って水気を拭き取る。大名おろしにして、腹骨と腹びれをそぎ取る（P.106参照）。

3 2の皮目に塩を軽くふり、裏返して頭側を手前にして置き、青じそ1枚分を縦に並べてのせ、その上に梅肉の¼量を塗る。手前からくるくると巻き、巻き終わりをつま楊枝で留め、全体に薄力粉を薄くまぶす。残りも同様に作る。

4 フライパンにサラダ油を中火で熱し、3を立てて並べ入れ、両面に焼き色がつくまで約2分ずつ焼く。楊枝をはずし、皮目にも軽く焼き色がつくまで転がしながら焼く。

# さんまの肝じょうゆ焼き

肝のほろ苦さがおいしい、大人味の焼き物。
たれにバルサミコ酢でほどよい酸味と甘みを加え、
味に深みを出しました。

[材料｜2人分]

さんま…2尾

A
しょうゆ・酒・みりん
…各大さじ1
バルサミコ酢…大さじ½
おろしにんにく…小さじ¼

サラダ油…適量
白髪ねぎ…適量

[作り方]

1 さんまはうろこ、頭、内臓を取り除き、洗って水気を拭き取る(P.106参照)。1尾分の内臓は取り置く。身は長さを3等分に切る。

2 内臓は包丁で細かくなるまでたたき、ボウルに入れてAを加えて混ぜる。

3 フライパンにサラダ油を薄くひいて弱めの中火で熱し、さんまを並べ入れて焼き色がつくまで両面を3～4分ずつ焼く。余分な脂を拭き取って2を加え、さんまに絡めながら軽くとろみがつくまで煮詰める。

4 器に盛り、フライパンに残ったたれをかけ、白髪ねぎを添える。

*memo*
骨が残っているので、取り除きながら食べてください。

# タンドリーめかじき

タンドリーチキンのようなスパイシーな一品。
ヨーグルト効果でしっかりやわらか。

[材料｜2人分]

めかじき(切り身)
…2切れ(200g)
プレーンヨーグルト…50g

A
- カレー粉…小さじ1
- おろしにんにく…小さじ½
- 塩…小さじ¼
- こしょう…少々

オリーブ油…大さじ½

[作り方]

1 めかじきは水気を拭き取り、3〜4等分の食べやすい大きさに切る。

2 厚手のポリ袋にヨーグルトとAを入れて袋の上からもむようにして混ぜる。むらなく混ざったら1を加えてもみ、口を閉じて10分ほどおく。

3 フライパンにオリーブ油を中火で熱し、2を並べ入れて両面に焼き色がつくまで2〜3分ずつ焼く。

# あゆのフライパン塩焼き

フライパンで手軽に楽しめるあゆの塩焼きです。
両面をこんがり焼いてから、弱火で蒸し焼きにするのがポイント。
内臓までしっかり火が通り、ふっくら焼き上がります。

[材料|2人分]

あゆ…2尾
塩…適量
サラダ油…小さじ1
すだち(またはレモン)…適量

[作り方]

1 あゆはうろこを取り、ふんを押し出して水洗いし、水気を拭き取って化粧塩をする(P.107参照)。

2 フライパンにサラダ油を中火で熱し、1を並べ入れて両面に焼き色がつくまで焼き、蓋をして弱火で10分ほど蒸し焼きにする。蓋を取り、さらに強めの中火でカリッとなるまで両面を焼く。

3 器に盛り、すだちを添える。

# 白子の昆布焼き

昆布の旨味をまとったふわとろ白子。
これはお酒が止まりません。

［材料｜2人分］

白子（真だら）…150g
昆布（10×15㎝）…1枚
酒…大さじ2
塩…適量
すだち…適量

［作り方］

1 昆布はバットに入れて酒をふり、15分ほどおく。昆布の水気を切り、バットの酒は取り置く。
2 白子は大きな筋をはさみで切り取り、ボウルに入れて塩小さじ1をふって軽く混ぜ、5分ほどおく。水でやさしく洗ってぬめりを取り、水気を切る。
3 鍋に湯を沸かして弱火にし、2を30秒ほどゆで、冷水にとる。水気を拭き取り、一口大に切る。
4 1の昆布より大きく切ったアルミホイルの上に昆布を置き、3をのせ、取り置いた酒を大さじ1ほど回しかける。
5 十分に予熱した魚焼きグリル（またはオーブントースター）に4を入れ、強火で白子の表面に軽く焼き色がつくまで焼き、器に盛る。塩適量をふり、すだちを添える。

# 白子のムニエル レモンバターソース

外側はカリッと香ばしく
中側はとろり熱々のムニエル。

［材料｜2人分］

白子（真だら）…150g
ほうれん草…100g
塩・こしょう…各適量
薄力粉…適量
バター…10g
A
バター…10g
しょうゆ・レモン汁…各小さじ1

［作り方］

1 白子は「白子の昆布焼き（同ページ上）」作り方2、3と同様に下処理をし、塩とこしょう各少々をふり、薄力粉を薄くまぶす。
2 ほうれん草は根元に十文字の切り目を入れてよく洗い、5㎝長さに切る。
3 フライパンにバターを中火で溶かし、1を並べ入れて両面に焼き色がつくまで3〜4分ずつ焼く。上下を返した際に端に寄せ、空いた所に2を入れ、時々上下を返すようにして炒める。ほうれん草がしんなりとしたら塩とこしょう各少々をふり、器に広げる。白子は焼き上がったらほうれん草の上に盛る。
4 フライパンをさっと洗ってAのバターを中火で溶かし、Aの残りの材料を加えて手早く混ぜ、3にかける。

# 白子グラタン

ホワイトソースと相性抜群の白子。
とろける食感がたまらない贅沢なグラタンです。
黒こしょうをピリッと効かせるのがポイントです。

［材料｜2人分］

白子（真だら）…150g
長ねぎ…1/2本
生クリーム…100mℓ
ピザ用チーズ…30g
バター…5g
薄力粉…小さじ1
塩…適量
粗びき黒こしょう…適量

［作り方］

**1** 白子は「白子の昆布焼き（P.66）」作り方**2**、**3**と同様に下処理をし、耐熱容器に並べ入れる。

**2** 長ねぎは斜め薄切りにする。

**3** フライパンにバターを中火で溶かし、**2**をしんなりとするまで炒める。薄力粉をふり入れて粉っぽさがなくなるまで炒め、生クリームを加え、混ぜながらとろみがつくまで1分〜1分30秒ほど煮て塩少々を加える。

**4** **1**に**3**を流し入れ、粗びき黒こしょうをふり、ピザ用チーズをのせる。

**5** 十分に予熱したオーブントースターに**4**を入れ、チーズに焼き色がつくまで焼く。

仕込む
手間暇をかける甲斐があるおいしさ

## 酔っぱらいえび

ねっとりとした濃厚な旨味がたまらない。

［材料｜2人分］
甘えび（刺身用・有頭）…10尾
しょうが（薄切り）…3〜4枚
A
紹興酒…大さじ4
しょうゆ…大さじ2
砂糖…小さじ2

［作り方］
1 甘えびは水で洗い、水気を拭き取り、頭と尾を残して殻をむく［a］。
2 Aは混ぜ合わせる。
3 保存容器に1を入れて2を注ぎ、しょうがを加えて［b］落としラップをし、冷蔵庫で3時間以上漬ける。

保存
漬けるほどに味は入っていくので、好みの味加減になったら引き上げてもよい。2日ほどで食べきる。

*memo*
甘えびは雑菌を落とすために、必ず真水で洗う。

a

b

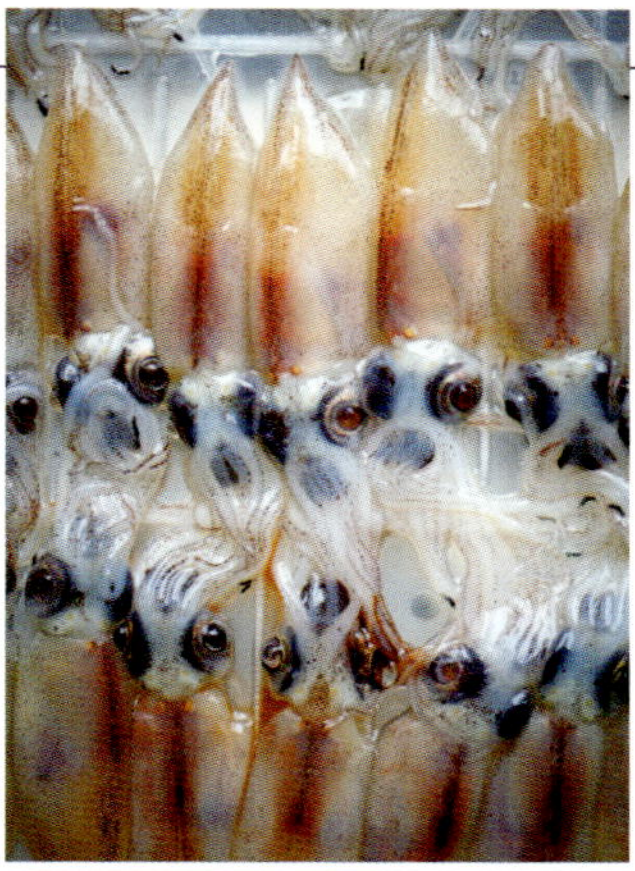

a

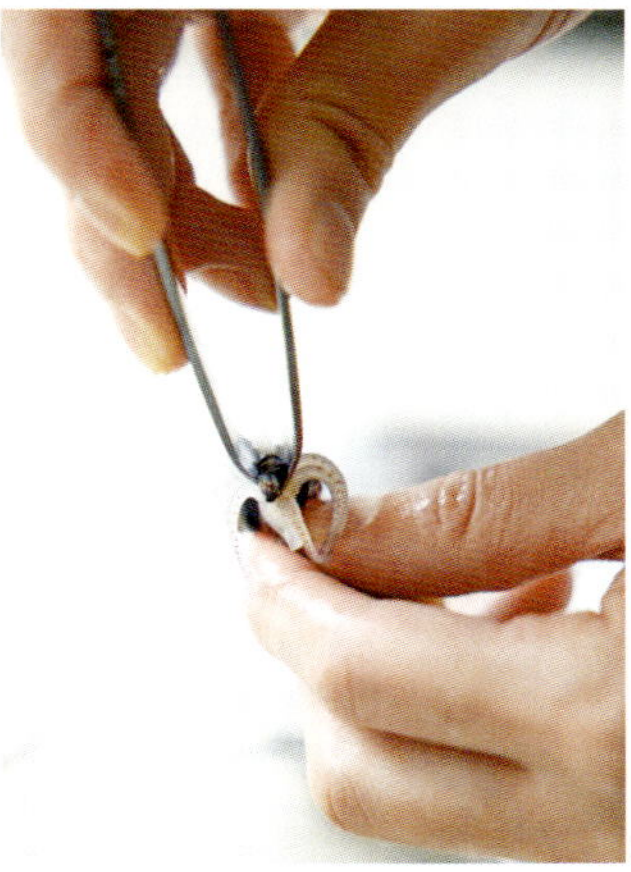

b

# ほたるいかの沖漬け

ほたるいかのおいしさが丸ごと詰まった富山の名産。

[材料｜作りやすい分量]
ほたるいか(生・刺身用冷凍品)…約20杯
みりん・酒…各50ml
しょうゆ…50ml

[作り方]

1 小鍋にみりんと酒を入れて中火にかけ、煮立ったら弱火にし、1分ほど加熱してアルコール分をとばす。しょうゆを加えて一煮立ちさせ、冷ます。

2 ほたるいかは使う直前にパックのまま流水解凍または冷蔵庫で自然解凍する。

3 骨抜き(なければ手)で目玉を周りの黒い部分と一緒につまみ、潰さないように注意して取り除く[a]。

4 足を開き、中央にある黒い膜と丸くてかたいくちばしを骨抜き(または手)で取り除く[b]。

5 保存容器に4を入れて1を注ぎ、冷蔵庫に入れて一晩以上おく。

保存

2〜3日で食べきれない場合は、漬け汁ごと小分けにして冷凍し、食べる分だけ解凍するとよい。冷凍なら約1か月保存可能。

*memo*

ほたるいかには旋尾線虫と呼ばれる寄生虫がいることがあるため、生食をする場合は必ず刺身用に冷凍処理されたものを使ってください。胴の内側にある軟骨は、ホタルイカの鮮度がいいと取りにくく、作業中に内臓が破れてしまうこともあるので、無理に取る必要はありません。

# いくらのしょうゆ漬け

つまみとしてもごはんにかけても
美味しい塩梅のいくらのしょうゆ漬けです。

*column 2*

a

b

c

d

［材料｜作りやすい分量］

生筋子

…1本（約300g）

湯（約40℃）…2ℓ

塩…大さじ2

A

みりん・酒

…各大さじ1と½

しょうゆ…大さじ2

［作り方］

1 小鍋にAのみりんと酒を入れて中火にかけ、煮立ったら弱火にし、30秒ほど加熱してアルコール分をとばす。しょうゆを加えて一煮立ちさせ、冷ます。

2 分量の湯に塩を混ぜて溶かす。

3 筋子は卵膜の切れ目から手で開き、まな板に卵膜が下になるように横長に置く。泡立て器で横に動かしながら卵膜から卵をこそげ取る［a］。

4 ボウルに2の⅓量を入れ、ほぐした卵を入れて洗い、卵膜や筋、白い薄膜などを取り除く［b］。塩湯を取り替え、同様に2回繰り返す。

5 4をざるに上げ、5分ほどおいて水気を切る［c］。

6 保存容器に移して1を加え［d］、冷蔵庫で2時間以上おく。

保存

3～4日で食べきれる分だけ冷蔵保存し、残りは小分けにして冷凍する。寄生虫（アニサキス）対策としては、生筋子の状態で一度冷凍するか、食べる前に冷凍するとよい（P.72の冷凍参照）。

*memo*

塩を加えた湯で洗うことで旨味が抜けず、卵が割れにくくなり、残った卵膜も縮んで取り除きやすくなります。

# いかの塩辛

まろやかな塩味と濃厚な旨味が日本酒を呼ぶ、酒肴の王者。

［材料｜作りやすい分量］
するめいか（鮮度のよいもの）…大1杯
塩・酒…各適量
みりん・しょうゆ…各適量
ゆずの皮（せん切り）…適宜

［作り方］

1 いかは内臓ごと足を引き抜き［a］、ワタについている墨袋を破かないように取り除き［b］、目の上からワタを切り離す（足は別の料理に使う）。

2 胴は中を流水でよく洗い、水気を拭き取る。胴とエンペラがつながっている部分を引きはがす。ふきん（またはキッチンペーパー）を当ててエンペラを持ち、下の方へ引いて皮と一緒にはがす（エンペラは別の料理で使う）［c］。胴はエンペラがついていた部分から切り開いて軟骨を除き、ふきんを使いながら皮をはいでいく［d］。内側の薄皮もふきんでこするようにして除く［e］。

3 盆ざるにワタと胴をのせ、ワタには全体にたっぷりの塩をまぶし、胴には軽く塩をふる［f］。ラップをせずに冷蔵庫に入れ、一晩以上おく（できれば2日おくとよい）［g］。

4 ワタは酒で塩を洗い落とし［h］、薄皮を除いてざるで裏ごしする［i］。

5 胴は3～4cm長さに切ってから5mm幅の細切りにする［j・k］。

6 5を4で和える［l］。しっかりと混ざったら清潔な保存容器に移し、冷凍室に2日以上おいて凍らせる。

7 食べるタイミングで冷蔵庫に移して自然解凍し、みりんとしょうゆで味を調える。器に盛り、好みでゆずの皮をのせる。

冷凍
どんなに新鮮ないかでも、生のものはアニサキスなどの寄生虫がいる場合があるので、冷凍して死滅させてから使う（このレシピでは、塩辛を作ってから冷凍する）。マイナス20℃以下で24時間以上を目安に冷凍することで死滅は可能だが、家庭用の冷凍室ではマイナス10℃程度にしかならないため、48～72時間の冷凍が望ましい。あるいは、いかを購入する際に刺身用に冷凍処理したものを選ぶとよい。解凍した塩辛は、1週間ほどで食べきる。

*memo*
するめいかは、鮮度がよく、
ワタがたっぷりと入ったものを選びましょう。
胴は乾かして旨味を凝縮し、
ワタは塩漬けにして生臭みを抜きます。

a

b

c

d

e

f

g

h

i

j

k

l

四章

# 煮る

# いわしの梅煮

梅干しの酸味でさっぱりおいしく食べられます。
梅干しを崩し、いわしに絡めながらどうぞ。

［材料｜2人分］

いわし…4尾
梅干し（塩分8％）…2個（約30g）
A
- 水…200㎖
- 酒…50㎖
- みりん・しょうゆ…各大さじ2
- 砂糖…大さじ1

しょうが（せん切り）…1かけ分

［作り方］

1 いわしはうろこを取り、頭と内臓を取り除いてよく洗い、水気を拭き取る。
2 鍋に梅干しとAを入れて中火にかけ、煮立ったら1を並べ入れる。再び煮立ったら落とし蓋をし、中火のまま10分ほど煮る。
3 器に盛り、しょうがをのせる。

*memo*

しっかり煮立ったところにいわしを入れることで煮汁に臭みが出るのを防ぎます。
いったん冷ましてから温め直すと味が染みてよりおいしくなります。

# かきとねぎの中華風アヒージョ

かきにオイスターソースを絡め、
より濃厚な味わいを楽しみます。
かきの旨味が溶け込んだオイルも最高のつまみ!!

［材料｜2人分］
かき…150g
長ねぎ…½本
にんにく（みじん切り）…1かけ分
赤唐辛子（種を除く）…1本
オリーブ油…適量
オイスターソース…小さじ1
バゲット…適量

［作り方］
1 かきは塩水（水600㎖に塩大さじ½が目安）でふり洗いして表面とひだの中の汚れやぬめりを落とし、水気をよく拭き取る。長ねぎは1.5㎝長さに切る。
2 小さめのフライパン（直径約15㎝）にオリーブ油大さじ½とにんにくを入れて中火にかけ、香りが立ち、にんにくが軽く色づいたらかきを加える。
3 2にオイスターソースを加えてかきに絡める。
4 長ねぎと赤唐辛子を加えてオリーブ油を具材の半分の高さくらいまで注ぎ、時々上下を返しながら3分ほど煮る。かきがぷっくりと膨らみ、長ねぎに火が通ったら火から下ろし、バゲットを添える。

［材料｜2人分］

ゆでだこ…80g
じゃがいも…1個（150g）
にんにく（みじん切り）…1かけ分
黒オリーブ（薄切り）…3個分
ケッパー（粗く刻む）…小さじ1
ドライトマト…2個
オリーブ油…適量
塩・こしょう…各少々
イタリアンパセリ（粗みじん切り）…適量

［作り方］

1 ドライトマトは熱湯に5分ほど浸けて戻し、水気を拭き取って1cm角に切る。
2 じゃがいもは皮をむいて小さめの一口大に切り、水にさっとさらして水気を切る。耐熱ボウルに入れてふんわりとラップをかけ、電子レンジ（600W）で3分ほど加熱する。
3 たこは5mm厚さのそぎ切りにする。
4 小さめのフライパン（直径約15cm）にオリーブ油大さじ2とにんにくを入れて中火にかけ、香りが立ち、にんにくが軽く色づいたら1と2、黒オリーブ、ケッパーを加える。オリーブ油をひたひたになるまで注ぎ、煮立ってじゃがいもに火が通ったらたこを加えてさっと煮て塩とこしょうをふり、イタリアンパセリを散らす。

# たことじゃがいものアヒージョ

噛めば噛むほど旨味が溢れるたこと
旨味オイルがたっぷり染み込んだポテト。
箸もお酒も止まらないおいしさ。

# ぶりのみぞれ煮

フライパン1つで簡単に作れる煮魚。
一度焼くことで臭みが消え、香ばしさがプラスされます。

[材料 2人分]

ぶり(切り身)…2切れ(200g)
塩…少々
片栗粉…適量
A
だし…100mℓ
酒…大さじ1
しょうゆ…小さじ2
おろししょうが…小さじ1
砂糖…小さじ1
大根おろし(軽く水気を切ったもの)…1/4本分(正味100g)
サラダ油…小さじ2
ゆずの皮(せん切り)…適量

[作り方]

1 ぶりは塩をふって10分ほどおき、表面に浮いた水気を拭き取る。大きめの一口大に切り、片栗粉を薄くまぶす。

2 小さめのフライパンにサラダ油を中火で熱し、1を並べ入れて焼き色がつくまで両面を2〜3分ずつ焼き、一度取り出す。

3 フライパンの余分な脂を拭き取り、Aを入れて中火にかける。煮立ったら2を戻し入れて弱めの中火にし、途中で一度上下を返して3分ほど煮る。

4 大根おろしを加えてさっと混ぜ、さらに2分ほど煮る。

5 器に盛り、ゆずの皮を散らす。

# ねぎま鍋風煮物

江戸の庶民に愛されたシンプル鍋を煮物仕立てに。
長ねぎは煮る前に焼くことで甘みが増します。

[材料｜2人分]
まぐろ(刺身用さく)…150g
長ねぎ…1本
A
しょうがの薄切り…3〜4枚
だし…100㎖
酒・みりん・しょうゆ
…各大さじ1
サラダ油…小さじ1

[作り方]

1 まぐろは一口大の角切りにする。長ねぎは4㎝長さに切る。

2 鍋にサラダ油を中火で熱し、長ねぎを入れて両面に焼き色がつくまで焼く。

3 Aを加え、煮立ったらまぐろを加えて時々上下を返しながら弱めの中火で5分ほど煮る。

# いかとセロリのトマト煮

いかをやわらかく仕上げるために
煮る時間はたった5分。
隠し味のトマトケチャップで
短時間でもコクのある味わいに。

[材料｜2人分]

するめいか…1杯
セロリの茎…1本(100g)
玉ねぎ…½個(100g)
にんにく(みじん切り)…1かけ分
ホールトマト缶(水煮)…½缶(200g)
トマトケチャップ…大さじ1
ローリエ…1枚
A 塩…小さじ¼
　白ワイン…50mℓ
塩・こしょう…各少々
オリーブ油…大さじ1
セロリの葉(粗みじん切り)…適量

[作り方]

1 するめいかは内臓を引き抜き、足の処理をして2本ずつに切り分ける。胴は軟骨を取り、1.5cm幅の輪切りにする(P.109参照)。

2 セロリの茎は筋を除き、3cm長さに切って縦2〜3等分の食べやすい大きさに切る。玉ねぎはみじん切りにする。

3 鍋にオリーブ油とにんにくを入れて中火で熱し、香りが立ったら2を加えて玉ねぎがしんなりとするまで炒める。1を加えて炒め合わせ、いかの色が変わったらAを順に加えて一煮立ちさせる。

4 ホールトマトを手で潰しながら加え、トマトケチャップとローリエを加える。煮立ったら弱めの中火にし、時々混ぜながら5分ほど煮て、塩とこしょうで味を調える。

5 器に盛り、セロリの葉を散らす。

# 鮭の粕汁

具だくさんの粕汁はつまみにも◎。
厚めに切った野菜で食べ応えあり。

［材料｜2人分］
塩鮭(切り身、甘塩)…1切れ(100g)
大根…4cm(150g)
にんじん…1/3本(50g)
油揚げ…1枚
水…400mℓ
昆布…5cm角1枚(5g)
A
酒粕…40g
みそ…大さじ1〜1強
長ねぎ(薄い小口切り)・七味唐辛子…各適量

［作り方］
1 鍋に分量の水と昆布を入れて30分おく。
2 塩鮭は一口大に切ってざるにのせ、両面に熱湯を回しかけ、うろこが残っていたら取り除く。
3 大根は1cm厚さのいちょう切り、にんじんは1cm厚さの半月切りにする。油揚げは縦半分に切ってから1.5cm幅に切る。
4 1の鍋に2、3を入れて中火にかけ、煮立つ直前に昆布を取り除く。アクを取り、蓋をして野菜に火が通るまで弱火で10分ほど煮る。Aを溶かし入れ、蓋をしてさらに5分煮る。
5 器によそい、長ねぎをのせ、七味唐辛子をふる。

*memo*
塩鮭とみそは商品によって塩分が異なるので、最後に味をみて、みそで調節を。

# あさりのスンドゥブチゲ

あさりとキムチの旨味が重なり合う
大満足なピリ辛韓国鍋。
キムチをしっかり炒めることで
深みのある味わいに仕上がります。

[材料 2人分]

絹ごし豆腐…1丁(300g)
あさり(砂抜き済み)…200g
白菜キムチ…100g
にら…30g
卵…2個
にんにく(みじん切り)…1かけ分

A
水…300mℓ
酒…大さじ1
しょうゆ・コチュジャン
…各小さじ1

みそ…小さじ1
ごま油…大さじ½

[作り方]

1 あさりは流水の下で殻と殻をこすり合わせるようにして洗う。にらは4cm長さに切る。

2 鍋にごま油とにんにくを入れて中火で熱し、香りが立ったらキムチを加えて1分ほど炒める。

3 Aを加え、煮立ったら豆腐をスプーンで食べやすい大きさにざっくりとすくいながら加え、あさりも加えて煮る。

4 あさりの殻がすべて開いたらみそを溶き入れて味を調える。にらを加え、卵を割り入れてさっと煮る。

五章

# 揚げる

c

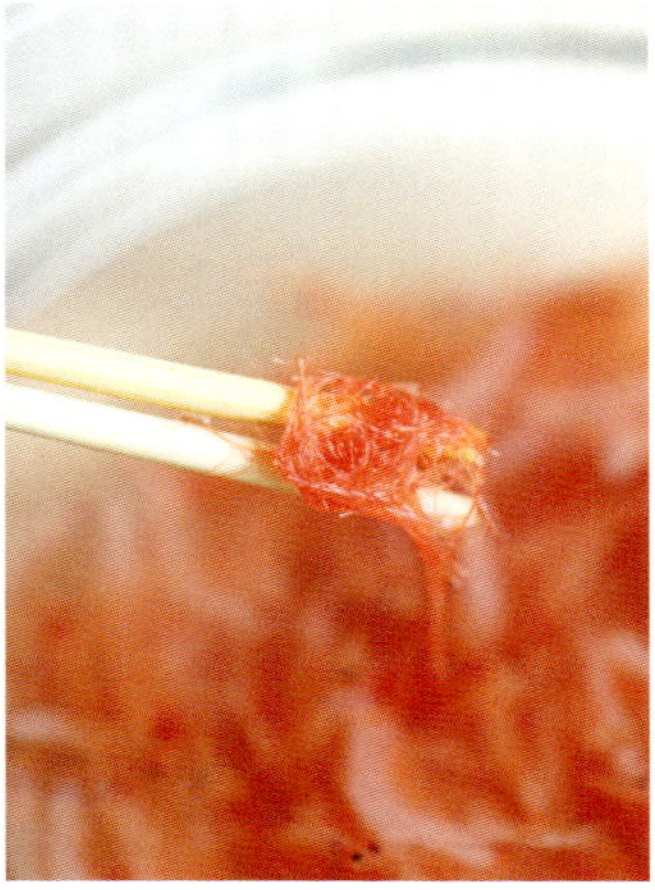

b

a

# 桜えびと
# 玉ねぎのかき揚げ クミン塩

サクッと揚がった桜えびの香ばしさと
玉ねぎの甘さがたまりません。

［材料｜2人分］
桜えび（生）…50g
玉ねぎ…½個（100g）
薄力粉…大さじ4
冷水…大さじ3
揚げ油…適量
クミンシード
（またはクミンパウダー）
…小さじ½
塩…小さじ½

［作り方］

1 ボウルに桜えびを入れて水（分量外）を注ぎ、割り箸（なければ菜箸）を入れてぐるぐると混ぜ［a］、ひげを取り除く［b］。ざるに上げて水気を切る。

2 玉ねぎは縦薄切りにする。

3 クミンシードはすり鉢ですり、塩を加えて混ぜる（クミンパウダーを使う場合はそのまま混ぜる）。

4 ボウルに玉ねぎ、桜えび、薄力粉を入れて混ぜ、冷水を加えて粉っぽさが残る程度にざっくりと混ぜる［c］。

5 フライパンに揚げ油を1㎝深さほど注いで170〜180℃に熱し、4を4等分にして入れる。下の面がカリッとするまで2〜3分揚げ、上下を返して同様に揚げる。全体が薄いきつね色になりカリッとしたら取り出して油を切る。

6 器に盛り、3を添える。

*memo*
桜えびの下処理は少量ではやりにくいので、購入した分をまとめて処理しておくとよいでしょう。生の代わりに釜揚げ桜えびでもOK。その場合は下処理なしでそのまま使います。

# かきフライ

旨味が強く塩分も含んでいるかきは、
揚げる前に塩をふらなくてOK。

［材料｜2人分］
かき（加熱用）
…6〜8個（大きめのもの）
こしょう…少々
薄力粉・溶き卵・パン粉…各適量
揚げ油…適量
好みのタルタルソース（P.88参照）
…適量

［作り方］
1 かきは塩水（水600mℓに塩大さじ½が目安）でふり洗いして表面とひだの中の汚れやぬめりを落とし、水気をよく拭き取る。
2 1にこしょうをふり、薄力粉、溶き卵、パン粉の順に衣をつける。
3 小さめのフライパンに揚げ油を1cm深さほど注いで170〜180℃に熱し、2を入れて両面を1〜2分ずつ揚げる。衣がきつね色になりカリッとしたら取り出して油を切る。
4 器に盛り、タルタルソースを添える。

*memo*
小振りのかきは2個1組で衣をつけて揚げると食べ応えがでます。

[材料｜2人分]
あじ（三枚におろしたもの）
…2尾分
塩・こしょう…各少々
薄力粉・溶き卵・パン粉
…各適量
揚げ油…適量
好みのタルタルソース（P.88参照）
…適量

[作り方]
1 あじは腹骨、小骨があれば取り除き（P.104参照）、水気を拭き取る。
2 1に塩とこしょうをふり、薄力粉、溶き卵、パン粉の順に衣をつける。
3 フライパンに揚げ油を1cm深さほど注いで170〜180℃に熱し、2を入れて両面を約2分ずつ揚げる。衣がきつね色になりカリッとしたら取り出して油を切る。
4 器に盛り、タルタルソースを添える。

# あじフライ

家庭では、三枚におろした大きさが
揚げやすくて食べやすい。

## 高菜タルタルソース

高菜漬けで食感と旨味、塩味をプラス。
混ぜるだけのお手軽和風タルタル。

【材料／2人分】
ゆで卵（かたゆで）…2個
高菜漬け（刻んであるもの）…20g
A マヨネーズ…大さじ3
　酢…小さじ½

【作り方】
1 ボウルにゆで卵を入れてフォークで細かく潰し、Aを加えて混ぜる。
2 高菜漬けを加えて混ぜ合わせる。

## シンプルタルタルソース

ほどよい酸味が決め手の万能タルタルソース。
きゅうりのピクルスを刻んで加えても◎。

## たくあんカレー
## タルタルソース

たくあんとカレー粉の意外な組み合わせは、
スパイスが効いてクセになるおいしさ。

[材料｜2人分]

ゆで卵(かたゆで)…2個
たくあん(みじん切り)…20g
玉ねぎ(みじん切り)…大さじ2
**A** マヨネーズ…大さじ3
酢・カレー粉…各小さじ½

[作り方]

**1** ボウルにゆで卵を入れてフォークで細かく潰し、**A**を加えて混ぜる。
**2** たくあん、玉ねぎを加えて混ぜ合わせる。

[材料｜2人分]

ゆで卵(かたゆで)…2個
玉ねぎ(みじん切り)…大さじ2
パセリ(みじん切り)…大さじ2
**A** マヨネーズ…大さじ3
レモン汁…小さじ1
塩・こしょう…各少々

[作り方]

**1** ボウルにゆで卵を入れてフォークで細かく潰し、**A**を加えて混ぜる。
**2** 玉ねぎ、パセリを加えて混ぜ合わせる。

[材料｜2人分]
稚あゆ…6～8尾
春巻の皮…1枚
バジル…6～8枚
塩・こしょう…各少々
薄力粉…適量
揚げ油…適量

[作り方]

1 稚あゆはよく洗って水気を拭き取り、塩とこしょうをふる。

2 春巻きの皮は縦半分に切ってから、あゆに合わせて6～8等分に切る。薄力粉は同量程度の水で溶く。

3 春巻きの皮1枚にバジルを1枚のせ、あゆを1尾置いて巻き、2の水溶き薄力粉を塗って留める。残りも同様に作る。

4 鍋に揚げ油を2cm深さほど注いで170～180℃に熱し、3を入れて上下を返しながら3～4分揚げる。皮が薄く色づきカラリとしたら取り出し、油を切る。

# 稚あゆのバジル春巻き

稚あゆのほろ苦さと
バジルのさわやかな甘い香りがお酒を誘います。

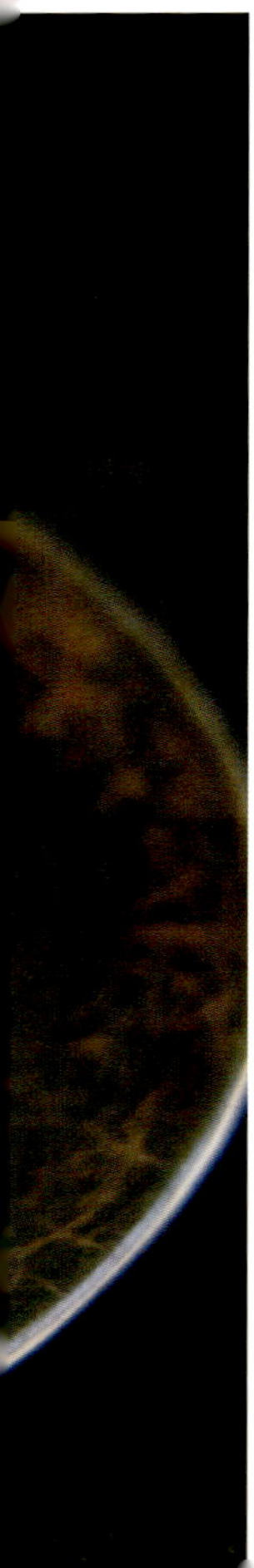

# ししゃもの青じそ巻き天ぷら

干物を使うから味付けの失敗なし。
薄力粉と水だけの衣で手軽にカラッと仕上げます。

[材料｜2人分]
ししゃもの干物…6本
青じそ…6枚
薄力粉・冷水…各大さじ3
揚げ油…適量

[作り方]

1 ボウルに薄力粉と冷水を入れて混ぜる。

2 ししゃもに青じそを1枚ずつ巻く。

3 フライパンに揚げ油を2cm深さほど注いで170～180℃に熱し、2を1にくぐらせて入れる。上下を返しながら3分ほど揚げ、カラリとしたら取り出して油を切る。

# 豆あじの山椒から揚げ

頭から丸ごと食べられる
豆あじのから揚げ。
夏のビールのお供にぴったり。
ぜひ揚げ立てを！

[材料｜2人分]

豆あじ…200g
片栗粉…適量
揚げ油…適量
塩・粉山椒…各適量

[作り方]

1 豆あじはえら蓋に指を差し込み、えらをつまんで胸びれと一緒に内臓ごと引き抜く(P.107参照)。水で洗い、水気を拭き取って片栗粉を薄くまぶす。

2 鍋に揚げ油を2cm深さほど注いで170～180℃に熱し、1を入れて上下を返しながら5分ほど揚げ、カラリとしたら取り出して油を切る。

3 塩をふって器に盛り、粉山椒をふる。

*memo*
豆あじは大きさによって加熱時間を調節をして。骨が食べられるまで揚げればOK。

# うにののり巻き揚げと青じそ巻き揚げ

サクサクの衣から
うにがとろりと溢れる贅沢な一品。

［材料｜2人分］
うに…40g
焼きのり（全形）…1/4枚
青じそ…2枚
薄力粉・冷水…各大さじ2
揚げ油…適量
塩…少々

［作り方］
1 ボウルに薄力粉と冷水を入れて混ぜる。
2 焼きのりは半分に切る。
3 焼きのりと青じそにそれぞれうにを1/4量ずつ置いて巻く。
4 小さめの鍋に揚げ油を1cm深さほど注いで180℃に熱し、3を1にくぐらせてから入れる。上下を返しながら1分ほど揚げ、カラリとしたら取り出して油を切る。
5 器に盛り、塩を添える。

*memo*
うにを加熱しすぎないよう、短時間で仕上げましょう。

c

b

a

# フィッシュ＆チップス

イギリスの国民食、白身魚とじゃがいものフライ。
衣にビールを加えることでサクサクの食感が楽しめます。

[材料｜2人分]

生たら(切り身)
…2切れ(200g)
じゃがいも…1個(150g)
塩…適量
こしょう…少々
薄力粉…適量

A
薄力粉…大さじ4
ベーキングパウダー
…小さじ1/4
塩…少々
ビール…70mℓ

揚げ油…適量
レモン…適量

[作り方]

1 生たらは小骨、気になれば皮を取り除いて食べやすい大きさに切り、塩を軽くふって10分おく。表面に浮いた水気を拭き取ってこしょうをふり[a]、薄力粉を薄くまぶす。

2 じゃがいもはよく洗い、皮つきのまま8等分のくし形切りにする。水に5分ほどさらし、水気を拭き取る。

3 ボウルにAを順に入れ、泡立て器で混ぜ合わせる。

4 フライパンに2を入れ、揚げ油をひたひたに注いで中火にかけ、8分ほど揚げる[b]。火が通り、色よくカリッとしたら、取り出して油を切り、塩を軽くふる。

5 続けて、1を3にくぐらせて[c]4の油に入れ[d]、上下を返しながら4～5分揚げる。全体がきつね色になりカリッとしたら取り出し、油を切る。

6 器に4と5を盛り、レモンを添える。好みでシンプルタルタルソース(P.88参照)を添えてもよい。

*memo*

衣はたらにしっかり絡む濃度に調節します。ビールは分量を目安とし、様子を見ながら数回に分けて加えます。モルトビネガーがあれば、仕上げにかけるとより本場の味が楽しめます。

d

六章

# 蒸す

# はまぐりと菜の花の酒蒸し

身がやわらかく旨味たっぷりのはまぐりとほろ苦さと
独特の香りをもつ菜の花を合わせた、春ならではの一品。

[材料｜2人分]
はまぐり(砂抜き済み)
…6～8個(約250g)
菜の花…1/3束(約70g)
酒…50mℓ
しょうゆ…小さじ1/2

[作り方]

1 はまぐりは、流水の下で殻と殻をこすり合わせるようにしてよく洗う。

2 菜の花は長さを半分に切り、茎と穂先を分ける。

3 小さめのフライパンに1、菜の花の茎、酒を入れて蓋をし、強めの中火にかけて1分30秒ほど蒸す。菜の花の穂先を加え、はまぐりの殻がすべて開くまでさらに1分ほど蒸す。

4 蓋を取り、しょうゆを回しかける。

*memo*
はまぐりは加熱しすぎると身が縮んでしまうので、殻が開くまで短時間で蒸します。菜の花は茎と穂先を時間差で加え、均一に火を通します。

# あわびのフライパン酒蒸し

蒸すことで味が濃くなり
ふっくらやわらかくなった
あわびをアテに贅沢な時間を。

［材料｜2人分］
あわび…小2個
A
水…100㎖
酒…大さじ2
しょうゆ…適量

［作り方］
1 あわびは表面に塩適量（材料外）をふり、たわしでこすって汚れを落とす。殻もたわしでこすってよく洗う。
2 小さめのフライパンにAを入れ、1を殻を下にして並べ入れて中火にかける。煮立ったら蓋をして弱めの中火で8分ほど蒸す。竹串がスッと通るまでやわらかくなったら取り出し、粗熱を取る。
3 殻と身の間にナイフを差し込んで殻から身をはずす［a］。身から貝ひもと肝をはずし［b］、貝ひもの先にあるくちばしと肝の横にある砂袋を取り除く［c］。
4 それぞれ食べやすく切って殻に盛り、しょうゆをかける。

*memo*
肝はそのまま食べてもおいしいですが、潰して滑らかにし、しょうゆを加えて溶き混ぜた肝じょうゆにするとさらに美味。

a

b

c

# さわらのレンジ酒蒸し

レンジで作る時短つまみ。
淡泊なさわらに
昆布の旨味が染み込みます。

［材料｜2人分］
さわら（切り身）…2切れ（200g）
豆腐（好みのもの）…½丁（150g）
しょうが（せん切り）…1かけ分
昆布（5×8㎝）…2枚
塩…少々
酒・水…各大さじ2
ぽん酢しょうゆ…適量

［作り方］
1 耐熱皿2枚に昆布を1枚ずつ置き、酒と水を半量ずつ回しかけて10分おく。
2 さわらは塩をふって10分おき、表面に浮いた水気を拭き取って半分に切る。
3 豆腐は4等分に切る。
4 1の昆布の上に、それぞれ2をのせ、横に3を置き、しょうがをのせる。ふんわりとラップをかけ、1皿ずつ電子レンジ（600W）でさわらに火が通るまで2〜3分加熱する。
5 ラップをはずし、ぽん酢しょうゆを添える。

# 小鯛のアクアパッツァ

魚の下処理さえ終わっていれば調理は簡単！
1尾丸ごと使うからこそのおいしさ。
具材はもちろんスープも最高。
ホームパーティーにぴったりの一品です。

［材料｜2人分］

鯛（小さめのもの）
…1尾（250〜300g）
あさり（砂抜き済み）…150g
ミニトマト…8個
にんにく（縦半分に切って潰す）
…1かけ分
塩・こしょう…各適量
オリーブ油…適量
A｜白ワイン…大さじ2
｜水…100mℓ
イタリアンパセリ（粗みじん切り）
…適量

［作り方］

1 鯛はうろこ、えら、内臓を取り除き、よく洗って水気を拭き取る（P.109参照）。
2 両面の身の厚い部分に、斜めに2本ずつ切り目を入れる。全体に塩小さじ¼をふって10分おき、表面に浮いた水気を拭き取ってこしょう少々をふる。
3 あさりは、流水の下で殻と殻をこすり合わせるようにしてよく洗う。ミニトマトはへたを取る。
4 フライパンにオリーブ油大さじ1とにんにくを入れて中火にかけ、香りが立ったら2を盛りつけたときに表になる面（頭が左）を下にして入れる。焼き色がついたら裏返し、両面をこんがりと焼く。
5 4にAを順に加えて蓋をし、5分ほど煮る。3を加え、再び蓋をして3分ほど煮る。あさりの殻がすべて開いたら蓋を取り、塩とこしょうで味を調える。
6 器に盛ってイタリアンパセリを散らし、オリーブ油を回しかける。

# 缶詰を使う

思い立ったらすぐに作れる缶詰つまみ。味付きだから調味の一手間もカット。もう1品欲しいときにもおすすめです。

## 実山椒オイルサーディン

パカッと缶ごといっちゃいます。
コスパ最強、超時短つまみ。
山椒のピリリがポイントです。

［材料｜2人分］
オイルサーディン…1缶
実山椒（水煮）…小さじ1
ピザ用チーズ…適量

［作り方］
1 オイルサーディンに実山椒を加え、ピザ用チーズをかける。
2 予熱したオーブントースターに入れ、チーズに焼き色がつくまで5分ほど焼く。

*memo*
実山椒がない場合、仕上げに粉山椒をふっても。

## ひよこ豆とツナのサラダ

缶詰2種をカップリング。ほくっとしたひよこ豆とツナの旨味を組み合わせたモロッコ風サラダ。

［材料｜2人分］
ひよこ豆の缶詰（水煮）
…1缶（100g）
ツナの缶詰（油漬け）…1缶（70g）
玉ねぎ（みじん切り）…大さじ2
パセリ（みじん切り）…大さじ1
A
オリーブ油・レモン汁
…各大さじ½
おろしにんにく…小さじ¼
塩…一つまみ
こしょう…少々

［作り方］
1 ひよこ豆の缶詰は汁を切り、ツナの缶詰は油を切る。
2 ボウルにAを入れて混ぜ、1、玉ねぎ、パセリを加えて混ぜ合わせる。

## 豆腐のかに缶あんかけ

滑らか絹ごし豆腐にとろりとかかるかにあん。
体も心もほっこりするやさしいつまみ。

［材料｜2人分］
絹ごし豆腐…1丁（300g）
かにの缶詰（ほぐし身）
…小1缶（固形量約50g）

A
しょうが（せん切り）…½かけ分
酒…大さじ1
薄口しょうゆ・みりん
…各大さじ½

片栗粉・水…各小さじ2
小ねぎ（小口切り）…適量

［作り方］
1 豆腐は半分に切って耐熱皿にのせ、ふんわりとラップをかけて電子レンジ（600W）で3～4分加熱して温める。
2 かにの缶詰の汁全量に水（分量外）を足して150mlにして鍋に入れ、かにとAを加えて中火にかける。一煮立ちしたら水で溶いた片栗粉を回し入れ、とろみをつける。
3 器に1を盛り、2をかけて小ねぎをのせる。

## さば缶のパテ

材料を混ぜるだけでしゃれたパテが完成。
野菜のスティックやバゲットと一緒にどうぞ。

［材料｜2人分］
さばの缶詰（水煮）…1缶（150g）
クリームチーズ…50g
粒マスタード…大さじ1
粗びき黒こしょう…適量

［作り方］
1 ボウルにクリームチーズを入れ、ゴムべらで滑らかになるまで練る。
2 さばの缶詰の汁を切って加え、ほぐしながら混ぜ合わせる。むらなく混ざったら粒マスタードを加えて混ぜる。
3 器に盛り、粗びき黒こしょうをふる。

レシピの補足

# 魚介の下ごしらえ

スーパーや鮮魚店で買ってきたおろし身や一尾丸ごとの魚は、料理に仕立てる前に下ごしらえが必要です。ここでは、本書で扱う魚介類の下処理方法をまとめて解説します。作業は、よく切れる包丁と清潔なまな板で行ってください。※左利きの人は魚の向きなどを左右逆にします。

1

2

3

4

5

◉あじの下ごしらえ

## 腹骨・小骨・皮を取る

［腹骨を取る］

1 三枚おろしにした身を腹側を左にして縦に置く。左手で腹骨を軽く押さえ、包丁を寝かせて腹骨の付け根に刃先を当て、ブチッと付け根が身からはずれる音がするまで押し込む［1］。

2 包丁の刃を湾曲する腹骨に沿わせるようにゆっくりと手前に引きながらそぐ［2］。腹骨の先端まで切り進んだら、包丁を立てて身の薄い部分と一緒に引き切る。

3 もう一枚も同様に腹骨をそぎ取る［3］。

［小骨を取る］

4 頭側を右にして置き、骨抜きで小骨を挟み頭側に向かって引き抜く［4］。方向を間違えると身が崩れてしまうので注意。頭側から尾に向かって、指先で小骨をさぐりながら1本ずつ抜いていく。

［皮をはぎ取る］

5 頭側の色の濃い部分の皮の端をつまんで身から少しはがす。皮側を上、頭側を左にしてまな板に置き、身を押さえて皮を斜め上に向けて引っ張り、一気にはぎ取る［5］。

◉ あじの下ごしらえ

## 一尾丸ごと使う場合（塩焼き）

［うろこ・ぜいごを取る］

**1** 包丁を尾から頭に向かってすべらすように動かしてうろこをこそげ取る。脇腹にあるとげ状のぜいごをそぎ取る。尾の付け根にあるぜいごの端に包丁を入れ、刃先を少し上に向けて前後に小刻みに動かしながらそぎ取る［1］。触れて痛い部分が取れればよい。裏側も同様に取る。

［内臓を取る］

**2** 頭を右、腹を手前にして置き、腹びれの上に腹のラインと平行に3cmほど切り目を入れる［2］。内臓を切らないように注意する。

**3** 切り目から指を入れ、内臓を引き出して取り除く［3］。

［えらを取る］

**4** 腹を上にしてえら蓋を開き、指であご下の接合部をはずしてえらをつまみ、そのまま引っ張り出して取り除く［4］。

［洗う］

**5** 水で手早く洗い［5］、水気を拭き取る。

［飾り包丁を入れる］

**6** 頭を左、腹を手前にして置き（盛りつけたとき表になる側）、身の厚い部分に斜めの切り目を2本入れる［6］。

［化粧塩をする］

**7** 背びれ、胸びれ、尾びれに焦げないように塩をたっぷりまぶしつける［7］。

［塩をふる］

**8** 全体に塩をふる。胸びれを持ち上げ、ひれの下にも塩をふる［8］。

1

2

3

4

5

6

7

8

◉ さんまの下ごしらえ

## 大名おろしにする

［頭を落とす］

1 包丁を尾から頭に向かってすべらすように動かしてうろこをこそげ取る。頭を左、腹を手前にして置き、胸びれの後ろから斜めに包丁を入れて頭を切り落とす［1］。

［内臓を取る］

2 頭側を右、腹を手前にして置き、肛門に包丁の切っ先を差し入れ、そのまま頭側に向かって腹の中央を切る［2］。

3 腹を開き、刃先で内臓をかき出して取り除く［3］。背骨部分の薄膜に切り目を入れる。水で手早く洗い、水気を拭き取る。

［身をおろす］

4 頭側を右、腹側を手前にして置き、中骨の上に包丁を当てる［4］。

5 包丁を寝かせて中骨の上に差し入れ、中骨に沿って包丁をすべらせ、左手で身を押さえながら切り進める［5］。包丁の刃全体を使うようにする。前後に小刻みに動かして切ると身が崩れやすい。

6 尾の付け根まで切り進め［6］、身を切り離す。裏返して中骨を下、頭側を右、背を手前にして置き、5と同様に中骨の上に包丁を入れて中骨に沿って尾まで切り進めて切り離す。

［腹骨を取る］

7 腹側を右にして縦に置く。逆さ包丁（刃先を上に向ける）で切っ先を腹骨の付け根に差し入れて骨の先を1本ずつ切り上げて身からはずす［7］。

8 腹側を左にして縦に置く。左手で腹骨を軽く押さえ、包丁を元の持ち方に戻して刃先を切り口に差し入れ、手前に引きながら腹骨をすくうように薄くそぐ［8］。腹びれの付け根まで切り進んだら包丁を立てて、手前に引いて腹びれとともに腹骨を切り取る。もう一枚も同様にそぎ取る。

1

2

3

4

5

6

7

8

## あゆの下ごしらえ

1

2

3

［うろこを取る］

1 左手で頭を軽く持ち、包丁を尾から頭に向かってすべらすように動かしてうろこをこそげ取る［1］。

［ふんを出す］

2 腹びれから尻びれに向けて腹を指で軽くしごき、肛門からふんを押し出す［2］。水で手早く洗い、水気を拭き取る。

［化粧塩をする］

3 背びれ、胸びれ、腹びれ、尾びれに焦げないように塩をたっぷりまぶしつけ［3］、さらに全体に軽くふる。

## 豆あじの下ごしらえ

［えら・内臓を取る］

1 腹を上にしてえら蓋を開く［1］。

2 えらを指でしっかりつまみ、手前にグイッと引き出して身からえらをはずす。はずしたえらと腹びれを持ち、尾に向かってスッと引っ張って内臓を取り除く［2・3］。

3 取り残したえらや内臓があれば指でかき出し、手早く水で洗い、水気を拭き取る。

1

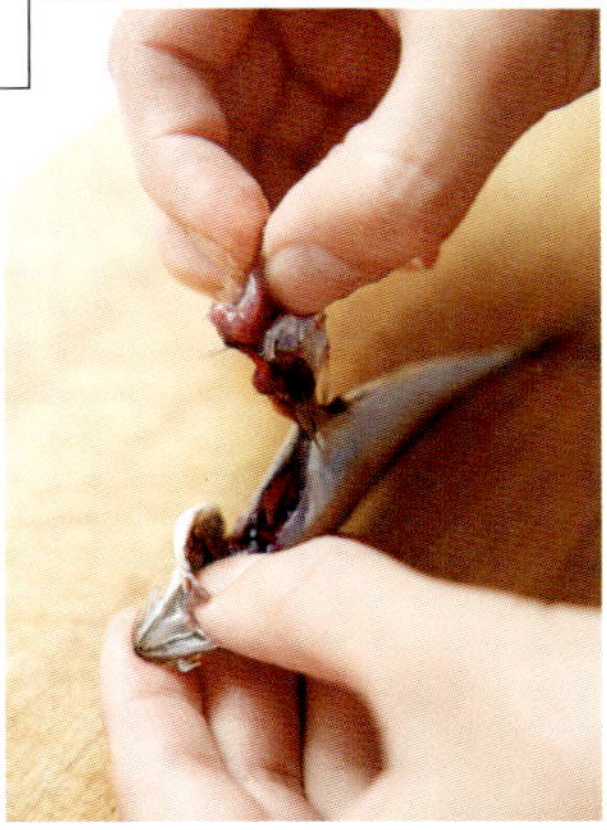
2

3

1

2

3

4

5

6

7

8

いわしの下ごしらえ

## 手開きにする

［うろこを取る］

1 左手で頭を軽く持ち、包丁を尾から頭に向かってすべらすように動かしてうろこをこそげ取る。身がやわらかいので傷つけないように注意する［1］。

［頭を落とす］

2 頭を左、腹を手前にして置き、胸びれの後ろに包丁を少し斜めに入れて頭を切り落とす［2］。

［内臓を取る］

3 腹を右にして縦に置き、腹の下側を肛門から頭側まで斜めに切り落とす［3］。いわしはこの部分にかたい骨があるので切り取る。刃先で内臓をかき出す。水で手早く洗い、水気を拭き取る。

［身を開く］

4 頭側を右、腹を手前にして持ち、両手の親指を腹の中に入れ、中骨と身の間までグッと深く差し込む［4］。

5 左の親指は尾の方へ、右の親指は頭側に向かって、中骨の上を沿うように動かして身をはがす［5］。指の腹は中骨を、爪の先は背の内側をなぞるように動かすと、中骨と身がきれいに分かれる。

6 左右の親指がそれぞれ端まで進んだら身を開く。半身が中骨からはずれた状態［6］。

［中骨を取る］

7 頭側から中骨の端をつまみ上げ、そのまま尾に向かってゆっくりと引いて身から中骨をはがす［7］。尾まで進んだら、尾びれの付け根で中骨をポキッと折って取り除き、手開きの完成。

［腹骨を取る］

8 開いた身を縦に置き、左側の腹骨を取る。左手で腹骨を軽く押さえ、包丁を寝かせて腹骨の付け根に刃先を差し込み、包丁の刃を湾曲する腹骨に沿わせるようにゆっくりと手前に引きながらそぐ［8］。腹骨の先端まで切り進んだら、包丁を立てて身の薄い部分と一緒に引き切る。反対側の腹骨も同様にそぎ取ったら、皮側にある背びれをつまみ、ゆっくりと引き抜く。

## いかの下ごしらえ

［内臓を引き抜く］

1 いかの表側を上、えんぺらを左にして置く。胴の下から指を入れ、胴と内臓の接合部分にその指をかけてはずす［1］。

2 右手で目の上あたりをしっかり持ち、左右に2～3回動かしてバキッと音がしたら、左手で胴の入り口を押さえながら足をゆっくり引っ張って内臓を抜き抜く［2］。ワタ（肝臓）を使う場合は、ワタから卵巣や白子など他の内臓を切り取る。

［足の処理］

3 内臓を左にして置き、目の下の部分に包丁を入れて内臓部から切り離す（塩辛などワタを使う場合は、目の上で切り離す）［3］。

4 足の中央にある丸くてかたいくちばしをつまみ取る［4］。

［軟骨を取る］

5 胴の中に指を入れ、えんぺら側についている軟骨を引き抜く［5］。

1 2 3 4 5

1 2 3 4 5

## 小鯛の下ごしらえ

［うろこを取る］

1 左手で頭を挟むように軽く持ち、うろこ引きで尾から頭に向かってうろこを引っかけて起こすようにしてこそげ取る［1］。えらやひれ際のうろこも丁寧に取る。頭の周囲やひれの下などは包丁に持ち替えてこそげ取る。水で手早く洗う。

［えらと内臓を取る］

2 頭を右、腹を手前に置き、えら蓋を開いて包丁を差し入れ、切っ先であご下と頭の接合部を切り離す［2］。次に、えらと中骨の接合部を切り離し、さらに、えらと身の間にも包丁を入れてえらをはずし、あご下からも切り離す。

3 肛門からあご下まで包丁を入れ、腹を切り開く［3］。

4 腹を開き、えらと内臓を一緒に持って取り出す［4］。

［洗う］

5 水で手早く洗い、腹の中に残った内臓などを指でかき出し［5］、水気を拭き取る。

# 索引

## 吉田 愛 (よしだ あい)

料理家、唎酒師。料理家のアシスタントを務めながら東京の日本料理店で働き、和食を学ぶ。その後、より本格的に学ぶために京都で修業。独立後は料理家として雑誌や書籍を中心に活動。和食をベースとした身近な食材を使った簡単でおいしい料理が好評を博し、活動の場を広げている。唎酒師の資格を持ち、日本酒と料理の合わせ方なども提案している。著書に『温故知新 和食つまみ』(小社刊)など多数。

| | |
|---|---|
| 撮影 | 木村 拓 |
| ブックデザイン | 白い立体 |
| 料理アシスタント | 杳澤佐紀 |
| 校正 | 関根志野 |
| 構成・編集制作・スタイリング | 関澤真紀子 |
| 企画・編集 | 川上裕子(成美堂出版編集部) |

## 和気藹々 海鮮つまみ

著 者　吉田 愛
発行者　深見公子
発行所　成美堂出版
　　　　〒162-8445　東京都新宿区新小川町1-7
　　　　電話(03)5206-8151　FAX(03)5206-8159
印 刷　TOPPAN株式会社

©SEIBIDO SHUPPAN 2024　PRINTED IN JAPAN
ISBN978-4-415-33384-7
落丁・乱丁などの不良本はお取り替えします
定価はカバーに表示してあります

●本書および本書の付属物を無断で複写、複製(コピー)、引用することは著作権法上での例外を除き禁じられています。また代行業者等の第三者に依頼してスキャンやデジタル化することは、たとえ個人や家庭内の利用であっても一切認められておりません。